平凡社新書
919

さし絵で楽しむ
江戸のくらし

深谷 大
FUKAYA DAI

HEIBONSHA

さし絵で楽しむ江戸のくらし●目次

本書に登場する主な江戸文芸用語

仮名草子《かなぞうし》……江戸時代初期、慶長から天和のはじめ（一五九六〜一六八一）頃までに書かれた物語・風俗小説・翻案小説の総称。

浮世草子《うきよぞうし》……江戸時代の小説の一ジャンル。井原西鶴作『好色一代男』（天和二年〔一六八二〕）により仮名草子と一線を画して以降、宝暦・明和（一七五一〜七二）頃までに、上方を中心に刊行された町人文学。

戯作《げさく》………江戸時代中後期の小説類の総称。読本《よみほん》・談義本《だんぎぼん》・洒落本・滑稽本・黄表紙・合巻・人情本など。

黄表紙《きびょうし》……安永四年（一七七五）から文化三年（一八〇六）にわたって出版された、大人向けの全ページ挿絵入りのコミックマンガ本。

洒落本《しゃれぼん》……明和から天明頃（一七六四〜八九）を中心に、主として江戸で発達した小説。遊里を舞台にして、会話を中心とした形態をとる。

滑稽本《こっけいぼん》……談義本の系統をひき、洒落本の影響下に作られた、会話体で書かれた滑稽な文学。江戸庶民の日常生活をコミカルに描いている。

合巻《ごうかん》………文化四年（一八〇七）以降に流行した、黄表紙が合冊されて長編になったもの。

人情本《にんじょうぼん》……文政（一八一八〜三〇）初年から明治（一八六八〜一九一二）初年にかけて、江戸市民の恋愛生活を描いた、女性向けの風俗小説。

前口上——江戸人から現代人へのメッセージ

「トザイトーザイ、トザイトーザイ、このところ『江戸の世界』の段、相勤めまする大夫、深谷大夫、トザイトーザイ、トザイトーザイ」。

人形浄瑠璃文楽の幕開きの口上にならえば、こんなところであろうか（トザイトーザイ〔東西東西〕は観客の皆様お静かにの意で、英語ならばLadies and gentlemen!）。

本書は、江戸人から学ぶ現代の生き方ハンドブックである。江戸時代の人々の暮らしぶりから、現代人の生き方を見直すことを意図している。

江戸時代は時代区分では近世といい、中世と近代の間に位置している。近代への移行期である近世、すなわち江戸時代が三〇〇年近くも続いたことは、日本文学や文化の特質を語る上で無視することはできないであろう。近世は「Early modern」

と英訳されている。まさに近代のはじまりである。

基本的に土地と人とが離れることが困難であった、中世の土地制度を基盤とする封建制度が徐々に崩れ、必ずしも土地と結びつかずに生活する人々が社会の表面に現れてくる時代が江戸時代である。近代市民社会の一歩手前、社会の中で個人が確立しつつあった時代といっていい。本書に登場する、東海道を旅する弥次さんと喜多さんなどは、まさしく我々現代人の大先輩なのである。

本書は、その先輩、諸兄諸姉にご登場いただき、彼らの言葉に耳を傾け、その暮らしぶりを目で見て愉しんでいただこうというわけである。江戸時代のマンガ・コミック（黄表紙・滑稽本などの戯作）やヒットソング、更には、歌舞伎や浄瑠璃などのお芝居の中から、豊富なイラストと興味深いフレーズをピックアップして、江戸時代の人々の生活や文化を、現代とのつながりで読み解いていく試みである。百聞は一見に如かず！　江戸の絵と文の世界を実感していただきたい。

江戸時代の売れっ子作家と絵師（画家）による文芸作品に触れることで、江戸時代の人々の息遣いを感じていただければと思う。挿絵に描かれた人物たちの身分は様々であるが、彼らに共通しているのは、皆が必死に生きよう、生活を愉しもうとしていることである。必ずしも特定の思想や考えに基づくわけではなく、真摯に日々の暮らしと向き合う一生懸命さが、ある時はシリアスに、またある時はコミカルに描かれていることが垣間見られるであろう。

我々の先輩である江戸時代の人々の暮らしや生活はどうであったのか。現代人と同様に、彼らも、仕事をし、出産や育児などに追われる中で、お祭りに興じ、ヒットソングを口ずさみ、ダンスをし、おしゃれもして、美味しい食べ物に舌鼓を打った。当然、日々の生活は楽しいことばかりではない。子殺しや捨て子など、現代社会にもみられる辛い現実と隣り合わせであった。

現代日本社会はまさに混迷を極めている。世界に例を見ない、超少子高齢化社会を迎え、毎日の暮らし、そして将来や老後に不安を抱かない人はまずいないであろう。不安定な時代状況の中で、江戸時代の文芸や文化を、現代との関わりの中で、今一度見つめ直してみることは無意味ではないだろう。我々現代人にも通じる江戸人の生きざまを目にすることで、先行き不透明な現代社会を何とか生き抜くヒントをつかんでいただければと、心から願ってやまない。

それでは前説はこのあたりにして、そろそろ開幕といたしやしょう！

第一章　年始の挨拶と名刺——江戸のマナーとエチケット(一)

江戸文化の開口はマナーとエチケットからはじめたい。昨今はマナー違反、ルール違反が横行し、連日、テレビや新聞を賑わせている。自分のことしか考えない人、空気が読めない人、いわゆるKY(ケーワイ)が増加しているようである。公私の区別ができない人が多いのは残念である。教訓的なことを言うつもりはないが、成人であれば、社会人として最低限のマナーやルールを守るのは当然である。

本章では、江戸時代のお正月のマナーやルール、特に挨拶の光景をのぞいてみたい。思わぬところに現代とのつながりが見出せるはずである。

一、新年は二日がスタート

早速、一枚の絵を見ていただきたい。黄表紙『宝船福正夢《たからぶねふくのまさゆめ》』(天明三年〔一七八三〕）の挿絵である（挿図①）。本文と絵はともに恋川春町《こいかわはるまち》（延享元年～寛政元年〔一七四四～八九〕）の作になる。恋川春町は駿河小島《おじま》藩（現、静岡県）の藩士（御留守居役）で、黄表紙や狂歌の作者で浮世絵師としても活躍した。

挿図①

挿図①には三人の男が描かれている。一番右の男性は、黒羽二重《くろはぶたえ》の紋付に麻裃《あさがみしも》を着て、白足袋を履き脇差を差している。二本差で武家に似た身なりをしているが商家の主人であろう。本来町人は一本差である。後ろに小僧と挟み箱を担いだ男が従っている。お供の小僧も白足袋を履いているのがわかる。第一二章で述べるが、江戸時代、足袋は高級品で特別なおしゃれアイテムであった。主人だけではなく、従者にまで白足袋を履かせ特別に誂えた服装をさせている。まさに年始の挨拶に相応しい出立ちである。お得意様へ新年のご挨拶に向かうところなのであろう。絵の中にはこんなことが書かれている。

二日にもぬかりはせしな（中略）元日ハこぞのつかれに門さして二日よりのにぎわひ（中略）年始御しうぎ申あげます

元日（元旦）は去年（こぞ）からの疲労が溜まっていて家の門を閉ざして休んでいることが多かったのである。そのため年始の挨拶まわりは正月二日からと相場が決まっていた。大晦日から元旦にかけては、年末からの疲れで年始の挨拶や来訪者の相手どころではない。今も昔も同じなのである。

二、江戸のお年玉

挿図①でお供の小僧が携えているものが何かおわかりになるであろうか。

新年の挨拶に他人の御宅を訪ねる際に手ぶらというわけにはいかない。当然、ご祝儀、つまりお祝いの品物を持参するのが礼儀である。年玉を持っていくのである。年玉は歳贄とも書く。「贄《にえ》」は礼物や手土産をさす。「贄を執る」(礼物を持参して入門する)などの表現が知られている。

お年玉と聞くと、我々現代人は子供に与えるもの、特に現金を想像するが、江戸時代はどうであったのか。商家などの町人社会では扇、扇子が一般的であった。御《み》影堂扇《えいどうおうぎ》は新年の贈答品として有名であった。末広がりで縁起が良いからである。年玉扇とも言った。挿図①で、小僧がお盆に載せて両手で持っているのは扇が入った箱なのである。

このお盆は折折敷《へぎおしき》とか折台《へぎだい》と言う。板を薄く剝いで、そのまま削らない状態で作製した角盆《かくぼん》、つまり四角いお盆である。身なりから判断するに、挿図①の主人一行は、それなりの格式がある商家と見受けられる。年始の訪問先が一軒とは思われない。従者が担いでいる挟み箱の中身は、着替えやお年玉の扇であろう。

他に、武士は太刀、医者は丸薬と、お年玉は身分や職業で相違があった。ただしキャッシュそのものを渡すという慣習はなかったといってよい。明治に入ってからも手ぬぐいや略本暦《りゃくほんれき》（略暦）などが普通であった。お年玉イコールお金という発想が生まれたのは、意外と思われるかもしれないが最近のことなのである。

三、年頭の挨拶

さて、年始の挨拶言葉は、今は「明けましておめでとうございます」であるのに対して、江戸ではこれもちょっと違っていた。「御慶《ぎょけい》」という落語があるが、「御慶」が江戸時代の新春の挨拶用語として一般的であった。「御慶申し入れます」などと言った。

年末からの慌ただしさによる疲労が元旦で回復するとは限らない。二日に訪問客を迎えたくない、寝正月をしたい人は江戸時代にもいたであろう。また、二日になれば新年の訪問が解禁になるのだから、他家へ挨拶に行く場合も当然あった。居留守か本当に留守かは別として、不在の場合はどうしたのであろうか。せっかく新年

挿図②

早々挨拶にお越しいただいたにもかかわらず、不在だったので、来客が誰かがわからなければ失礼であるし、後々困ることもあったであろう。

次の絵をご覧いただきたい。黄表紙『足《あし》手《て》書草帋《がきそうしの》画《え》賦《くばり》』〔享和元年〔一八〇一〕〕の挿絵である〔挿図②〕。本文は『南総里見八犬伝』の作者として知られる曲亭馬琴〔戯作者。江戸深川の旗本・松平鍋五郎信成〔一千石〕の御用人〔家来〕の子として出生。明和四年～嘉永元年〔一七六七～一八四八〕〕、挿絵は未詳だが北尾重政〔江戸の人。元文四年～文政三年〔一七三九～一八二〇〕〕が有力視されている。北尾重政は浮世絵の北尾派の開祖であり、美人画に優れ、山東京伝や曲亭馬琴らの戯作の挿絵を描いた。

挿図②では、訪問客が自分の名前を書いた紙を、玄関前に備えられた串にさしている姿が描かれている。名前が記された紙片、つまり名札を刺している。「刺」は、中国で竹木を削って姓名を記したもの、つまり名刺のことであった。「刺《シ》を通ずる」とは名刺を出して面会を求めることである。現代社会で一般的である、名刺を携えて他人の家を訪問するマナーは江戸時代の年始の挨拶の光景にすでに見られたのである。

挿図③

もう一枚の絵を見ていただきたい。狂歌絵本『どうれ百人一首』（角書「年始《ねんし》物申《ものもう》」。寛政五年（一七九三）の挿絵である（挿図③）。編者は狂歌師で戯作者の鹿都部真顔《しかつべのまがお》（宝暦三年～文政一二年（一七五三～一八二九））である。家業は江戸数寄屋橋門外のお汁粉屋さんで、差配人《さはいにん》（大家）であった。

家の門口に「年礼帳」が提げられている。年礼は新年の挨拶に訪れることである。「年礼帳」は芳名簿（芳名録）であり、来訪者が名前を記したのである。「御慶帳《ぎょけいちょう》」とも言った。

今でも、会社の新年会などで受付に置かれている芳名簿に記帳し、名刺を置く慣習が日本には残っている。自分の名前を自署し、名刺を差し出すのが社会の慣例となっている。このような社会的マナーは、実は江戸時代のお正月における日常風景の中にすでに誕生していた。名刺や芳名簿は三世紀以上にわたって日本社会に生き続けているのである。

第二章　タバコの流行と迷惑行為——江戸のマナーとエチケット(二)

前章では、江戸時代のマナーとして、新年の挨拶にまつわる事柄を取り上げた。本章では、現代社会でもいつも問題になる、街なかでのマナーやエチケットについて述べてみたい。現代と変わらぬ江戸時代の社会に驚くこと請け合いである。

一、江戸の路上喫煙・タバコポイ捨て

まず一枚の絵をご覧いただきたい。黄表紙『全盛大通記《ぜんせいだいつうき》』(天明四年〔一七八四〕)の挿絵である(挿図①)。本文は戯作者で狂歌師の岸田杜芳《きしだとほう》(江戸芝神明の地名から桜川杜芳ともいう。表向きは表具師だが、実は太鼓持ち)、絵は北尾政演《きたおまさのぶ》(江戸深川木場の質屋の奉公人の長男。宝暦一一年～文化一三年〔一七六一～一八一六〕)、すなわち戯作者で浮世絵師の山東京伝である。

挿図①

江戸・吉原の大門を描いている。絵の左側の門に貼られた貼り紙に注目してほしい。「くハへきせる無用」（くわえキセル無用）と記されている。「歩きタバコ禁止」の注意書きである。宝暦一三年（一七六三）に、江戸で「くわへきせる致、往還は不及申、路次之内ニも罷在申間敷事」の町触が出されている。現代のストリートマナーと全く同じであることが注目される。ただし、江戸の町触違反は重罪であった。罰金刑と体罰がダブルで待っていた。為政者は火事を非常に恐れていたのである。江戸の防火意識の高さがうかがわれる。

現代では各地の自治体で歩きタバコについて条例が出されている。各自治体で名称は異なるが、総称して「路上喫煙禁止条例」と呼ばれている。東京都千代田区が平成一四年（二〇〇二）に制定した『安全で快適な千代田区の生活環境の整備に関する条例』が、路上での喫煙に対して罰金を科した最初である。違反した場合は二〇〇〇円を払わなければならない。平成二二年度（二〇一〇）からは千代田地域以外の区内全域の公道における路上喫煙が禁止となった。

他に罰金を科している自治体をあげてみよう。東京都では、品川区、大田区、杉並区など、政令指定都市では、札幌市、千葉市、横浜市、新潟市、名古屋市、大阪市、広島市、福岡市などとなっており、条例は全国で制定されている。

現代では、全国に路上喫煙やタバコのポイ捨て禁止の流れが広がっている。

二、江戸時代はタバコブーム

南米原産のタバコは、一六世紀にスペインに伝わり世界中に広まって、日本へも輸入された。国立公文書館内閣文庫所蔵『慶長日記』慶長一二年（一六〇七）二月二九日の条に次のような記述がある。

此比《このごろ》タハコト云事《いうこと》ハヤル是ハ南蛮ヨリ始テ渡ト云云　広キ草ノ葉ヲ割火ヲ付煙ヲノム

江戸時代初頭の慶長年間（一五九六〜一六一五）に喫煙が流行したことが明記されている。また、「広き草の葉を割って火をつけて煙を飲む」とあるように、江戸時代、タバコといえば刻みタバコであった。タバコの葉を包丁で刻み、それをキセルに詰めて吸うのである。現代では巻きタバコが主流だが、タバコの葉を刻んで吸う方法で輸入されたことから、江戸時代は喫煙用具としてキセルが普及したので刻みタバコがメインであった。

タバコは火を使用するので防災上の問題がある。現代でもタバコの不始末による火災は後を絶たない。江戸時代も同じで、木造建築が主であるから、為政者は防火面に非常に気を配っていた。前述した、現代の「路上喫煙禁止条例」の目的の多くは生活環境の保全や環境美化であり、江戸時代とはいささか異なることは注目されよう。東京都足立区、北区、新宿区、墨田区、那覇市などのように、条例の目的に「市民の身体の安全の確保」を掲げている自治体もあるが、タバコの火による「火傷」の可能性にとどまっており、建造物の火災までは注意が及ばず防災の意識は低いといえる。首都圏直下型地震が想定されている昨今において、地震には火災が付き物であるという視点を考慮に入れる必要があるように思う。この点においては、江戸時代の人々の姿勢に学ぶ必要があろう。

また、江戸時代に話を戻そう。かぶき者（戦国時代末から江戸時代初期にかけて、異様な風体をして常識を逸脱した行動に走った者たち）が南蛮渡来のタバコを好んだことから、風俗取締の名目や、農民がタバコの栽培に傾斜して年貢米が確保できないことなどを理由として、タバコ禁止令がたびたび出されたが、その流行にストップをかけることはできなかった。

寛永九年（一六三二）には、松江藩（現、島根県）の石見銀山奉行所に、タバコ税に関する文書が提出される。これもタバコの流行を裏付けるものであろう。流行している嗜好品ゆえに課税対象となったのである。

次の絵をご覧いただきたい。『夜《よ》明茶呑《あかしちゃのみ》噺《ばなし》』（安永五年（一七七六））の挿絵である（挿図②）。黄表紙仕立ての挿絵入りの小咄本で、絵師は鳥居清経である。タバコ屋さんの店先の風景である。障子にタバコの葉が描かれている。店内には箱が二つ並んでいる。一つには「舞留《まいとめ》」、もう一つには「龍王《りゅうおう》」と書かれている。二つとも当時のタバコの有名ブランドである。舞留は摂津国（現、大阪府北中部と兵庫県南東部）、山城国（現、京都府南部）、丹波国（現、京都府中部、兵庫県北東部、大阪府北部）などを産地とするブレンドタバコである。また龍王は甲斐国（現、山梨県）を代表するタバコの銘柄であった。

挿図②

人形浄瑠璃『伊賀越道中双六』〔天明三年〔一七八三〕、大阪・竹本座初演〕第八「岡崎の段」に次のようなやりとりがある。「『ソリャ親仁殿が旅戻りに、貰うてござつた上方煙草』『ハアあなたのお口に合ふのなら、服部か国分か』」。国分〔大隅国曾於郡〔現、鹿児島県〕〕や服部〔摂津国島上郡〔現、大阪府高槻市〕〕や、館《たて》〔上野国片岡郡寺尾村〔現、群馬県高崎市〕〕なども著名な銘柄であった。なお、『伊賀越道中双六』では、右の箇所に「煙草切り」の場面が続く。キセルに詰めて吸うためにはタバコの葉を刻む作業が必要であった。

挿図③

　もう一枚の絵を見ていただきたい。『咄本幾《はなしぼんいく》代餅《よもち》』〔安永年間〔一七七二〜八一〕〕の挿絵である〔挿図③〕。挿図②と同様に黄表紙仕立ての挿絵入りの小咄本である。挿絵は北尾派の絵師によるかと推察されているが不明である。挿図

挿図④

②と同様にタバコ屋の店先が描かれている。看板代わりの障子に「はみかき有」と書かれているのがおわかりになるであろうか。江戸時代のタバコ屋では歯磨き用品も売っていたのである。

現代では、環境面だけではなく、健康志向から喫煙に対しては悪い面が強調されている。喫煙者は減る一方であり、愛煙家は肩身が狭い思いをしている。分煙が叫ばれているが、タバコを吸わない人にとっては煙だけではなく臭いが耐えられないのである。愛煙家も口臭に気を使い、白い健康な歯を保ちたいと考えている。コンビニエンスストアにはタバコだけではなく歯ブラシと歯磨き粉も売っている。まさに、江戸時代のタバコ屋さんはコンビニのルーツであったといえよう。嗜好品であるタバコによる口臭や、タバコのヤニによる歯の黄ばみにまで配慮した商いをしていた。まさしくイキな計らいであ

挿図⑤

る。

また絵を見ていただきたい。黄表紙仕立ての小咄本『菊寿盃《きくじゅのさかずき》』（角書「おとしはなし」。天明元年（一七八一））の挿絵である（挿図④）。絵師は北尾政美《まさよし》（明和元年〜文政七年（一七六四〜一八二四））、後の鍬形蕙斎《くわがたけいさい》である。歯磨きをしている男性が描かれている。くわえようとしているのは房《ふさ》（総）楊枝である。当時は、先端がふさ状になっている歯磨き用の楊枝で歯を磨いたのである。

次の絵を見てほしい。黄表紙『三世相《さんぜそう》郎満八算《ろうのまんぱちさん》』（寛政九年（一七九七））の挿絵である（挿図⑤）。作者は南杣笑《なんせんしょう》楚満《そま》人《ひと》（江戸の人。寛延二年～文化四年〔一七四九～一八〇七〕）、挿絵は歌川豊国（初代。江戸の人。明和六年～文政八年〔一七六九～一八二五〕）である。店内左手に「御やうし」（御楊枝）と書かれている。江戸浅草の楊枝屋さんの店先の風景である。歯磨き楊枝や各種の楊枝の他に歯磨き粉も売っていた。

三、立小便禁止

挿図①をもう一度見ていただきたい。右から五人目の男性の足元あたりに「小べん無用」の貼り紙があるのがおわかりになるであろうか。この「無用」は行為の禁止を意味している。「問答無用」の「無用」である。つまり「立小便禁止」である。江戸時代は立手水《たちちょうず》とも言った。「手水」は大小便のことを指す。川柳『誹風柳多留《はいふうやなぎだる》』九三編（文政一〇年〔一八二七〕）に、「立手水嵯峨野で仏御開帳」とある。「ちょうず」は「てみず」の音便で、手や顔などを洗い清める水や、洗い清めること、特に、神社仏閣などの参拝の前に、手や顔を洗い清めることを言う。そのことにかけた句である。

挿図⑥

　もう一枚の絵を見てほしい。黄表紙『廿《にじゅう》四《し》考《こう》安売請合《やすうりうけあい》』（享和元年〔一八〇一〕）の挿絵である（挿図⑥）。作者は戯作者で狂歌師の蘭奢亭《らんじゃてい》香保留《かおる》（タバコ屋の主人。明和六年〜文政七年〔一七六九〜一八二四〕）、挿絵は子興《しこう》である。番太郎小屋の光景である。この店の壁板にも「小便無用」の貼り紙が貼られている。

　番太郎小屋（あるいは略して番太郎）は、番太郎や番太と呼ばれる木戸番が自身番《じしんばん》（各町内で持っている番所）の近くに作って住んでいた小屋のことである。江戸市中の表通りの各町の境には、防犯のために設置された木戸があり、その近くの番

挿図⑦

太郎小屋では、番太郎（番太）が江戸市中の番人をしながら、お灸や草鞋等の日用雑貨や、駄菓子などを売っていた。四世鶴屋南北の名作歌舞伎『東海道四谷怪談』序幕「地獄宿」（文政八年〔一八二五〕初演。早稲田大学演劇博物館所蔵伊原青々園旧蔵透写本）の按摩の宅悦のセリフに「エヽ番太郎で売る灸でございますか」とあるように、現代のコンビニエンスストアと同様に、人々も便利に利用した。

挿図①と⑥に明らかなように、一八〇〇年前後には、すでに立小便、すなわち、街なかにおける排泄行為に対する規制と解釈される意識が社会にあったことがおわかりになるであろう。現代では立小便は軽犯罪に問われる行為である。すなわち、軽犯罪法第一条二六号に「街路又は公園その他公衆の集合する場所で、たんつばを吐き、又は大小便をし、若しくはこれをさせた者」と規定されている。

さて、次の二枚の絵をご覧いただきたい。まず、黄表紙『嘘無箱根先《うそでなしはこねのさき》』（七珍万宝作。歌川豊国画。寛政元年〔一七八九〕）の挿絵である（挿図⑦）。作者の七珍万宝《しっちんまんぽう》（宝暦一二年〜天保二年〔一七六二〜一八三一〕）は戯作者で狂歌師である。江戸芝でお菓子屋さんを営んでいた。挿図⑦では、木戸番の番太は拍子木を打って時刻を触れ回るのが仕事でもあり、ここは木戸を閉める前の合図である。

挿図⑧

続いて、黄表紙『尻操《しりたぐり》御《ご》用神《ようじん》』（芝全交作。歌川豊国画。寛政五年〔一七九三〕）の挿絵である（挿図⑧）。

芝全交《しばぜんこう》（寛延三年～寛政五年〔一七五〇～九三〕）は江戸の富商の生まれで、水戸藩の大蔵流狂言師である。恋川春町、朋誠堂喜三二《ほうせいどうきさんじ》（享保二〇年～文化一〇年〔一七三五～一八一三〕）、山東京伝と並ぶ黄表紙作者であった。挿図⑧は、番太が木戸を閉めた後に夜回りのパトロールに出かける光景である。「火の用心」の文字が見える。

更に、滑稽本『街《ちまた》迺《の》噂《うわさ》』巻之四（畑銀鶏作。歌川貞広画。天保六年〔一八三五〕）を見てみよう（挿図⑨）。畑銀鶏《はたぎんけい》（寛政二年～明治三年〔一七九〇～一八七〇〕）は、戯作者で、上野《こうずけ》国七日市《なのかいち》藩（現、群馬県富岡市七日市）の藩医であった。画中に「江戸にてハ夜の時ハ拍子木《ひやうしぎ》にてしらすること（中略）但シ一町〳〵に番太郎といふものありて町役をつとむ此拍子木も此者の役也其外町内に非常《ひじやう》のことあれバ皆番太郎がかゝり也」とある。江戸の番太郎は拍子木を打って、夜の時刻を知らせる町役（まちやく。ちょうやく）で、町年寄（町奉行の協力者であり相談役）の支配下で人々の生活に関わる雑用にあたる町人である。提げている提灯に「火の番」と書かれている。非常事態、つまり火事や犯罪など、町の治安維持にあたった。消防と交番を兼ねた職能と考えてよいであろう。

ただし、江戸と大阪ではいささか異なっていた。「大阪にてハ夜《よる》のときを知らするにハ大鼓《たいこ》にて廻る（中略）此大鼓の役ハ自身番よりのさしづにして日雇《ひやとひ》を出すなり但し大阪にて番太《ばんた》といふものハ丁里のたぐひ也」と記されている。大阪では、江戸のように拍子木ではなく太鼓をたたいて時刻を知らせたのである。また、時刻を知らせながら夜回りをする時廻りの役は日雇いであったと書かれている。地方自治における地域差が垣間見られて興味深い。

挿図⑨

四、履物にはくれぐれも御用心を！

下駄については第一一章をご覧いただくこととして、江戸のマナーの最後に履物にちょっとだけ触れておくこととする。

次の絵をみていただきたい。黄表紙『夫徳奢玉得《ふとくおごりたまえ》』（天明八年〈一七八八〉）の挿絵である（挿図⑩）。絵師は蘭徳斎である。小間物屋の店先の風景が描かれている。店の上り口に立て掛けてある一枚の板に注目してほしい。文字が書かれている。お読みになれるであろうか。「御はきもの御用心」である。背中を向けている男性がお客である。履物は描かれていない。

第一一章で述べるように、下駄にしても草履にしても、江戸時代、履物は高級品であった。挿図⑩の小間物屋の看板には「そん金大掛売」（損金大掛売）と大きく書かれている。「損金ナシの掛売（ツケ）をやります」と謳っている。良心的なのは結構だが、油断してゆっくり品物を吟味しているうちに、自分が履いてきたものはいずこへ、ということにならなければいいのだが……。

現代でも、飲食店などで靴を履き間違えたり、見失ったりすることはよくあることである。繰り返すが、江戸時代、履物は超高級品！　うっかりしていると来た時はあった履物が帰りには……、ということになりかねない。「御用心、御用心」である。

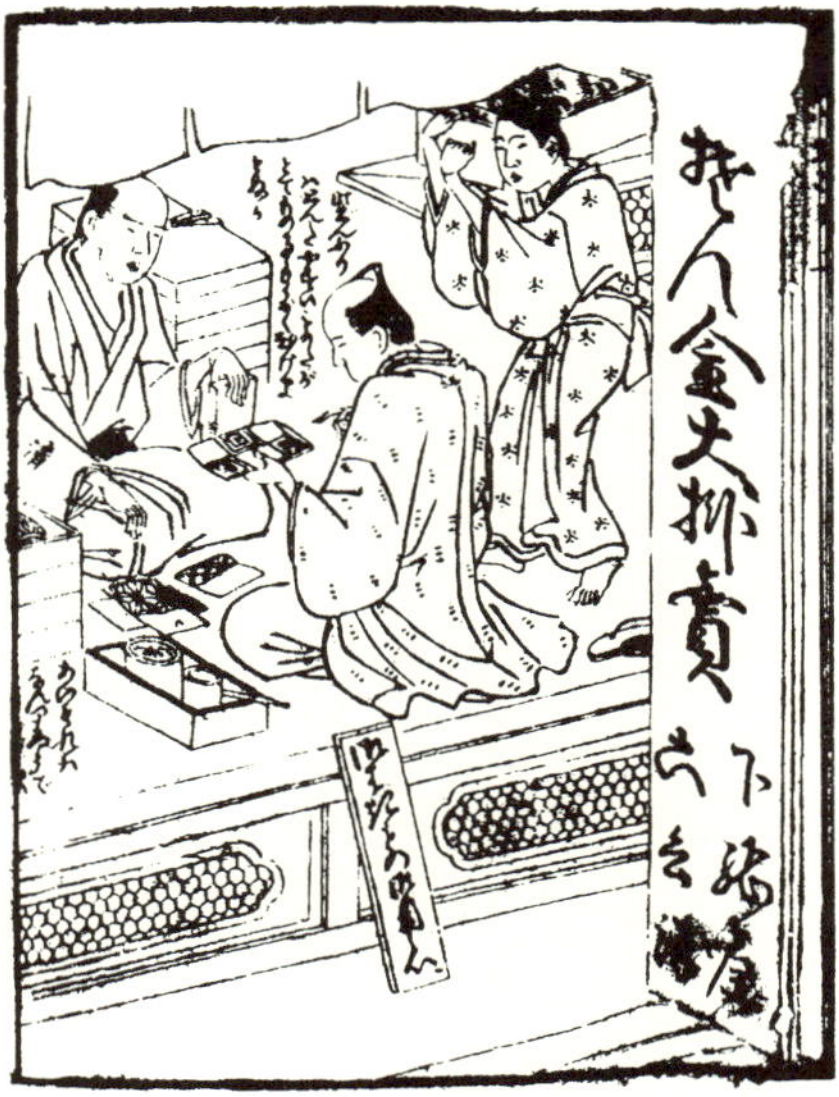

挿図⑩

第三章　江戸の婚姻事情

晩婚化が叫ばれる昨今である。現代日本では、女性の社会進出が結婚を遅らせているともされるが、果たしてそれだけが原因であろうか。男性の側の所得の減少も指摘されている。経済的な要因は無視できないであろう。同居やルームシェアなど、赤の他人、それも男女が恋愛感情なしでも共同生活を送る時代である。結婚という形態、ましてや、妻が夫宅で夫の家族と同居する「嫁入り婚」という形態そのものが疑問視されているのである。

一、嫁入り婚のルーツ

核家族化が進み、親との同居が減りつつある現代日本においても、東京などの大都市を除けば、三世代は無理にしても二世代の同居生活は各地に見られる現象である。このような武士も町人も、婚礼を婿の家で執り行い、嫁も婿も、婿の家で婿の両親と暮らす婚姻形態を、「嫁入り」することから「嫁入り婚」と呼ぶ。この形態が主流となるのは江戸時代を迎えてからである。

江戸時代以前は全く逆で、例えば『源氏物語』などに描かれている結婚形態は「婿入り婚」であった。招婿婚《しょうせいこん》とも言う。男性が女性の家に通い、日常生活は別であるが、婚合（男女の営み）のみが妻方でなされる形態であった。婚姻形態において、江戸時代の人々は我々現代人の先輩にあたるのである。

二、結婚式は夜会

現代の結婚式は昼間が中心である。昼前頃に式場で結婚式を執り行い、昼ないしは午後から会食を中心とした披露宴が行われる。夜までかかるとすれば、新郎新婦の友人たちが企画する二次会であろう。

次の絵をご覧いただきたい。山東京伝作の黄表紙『通気智之銭光記《つきじのぜんこうき》』（享和二年〔一八〇二〕）の挿絵である（挿図①）。第七章に登場する、歌舞伎役者の坂東善次に

挿図①

由来する作品である。絵師は北尾重政と歌川豊国の二説がある。婚礼の行列の情景である。行列の先頭には箱提灯を持った男たちが描かれている。すでに時は夕方である。婚礼の「婚」の旁《つくり》の「昏」は「暗い」の意である。江戸時代は現代とは異なり、結婚式は夜の行事であった。昼間ではなかったのである。

三、結婚式の形態

現代の結婚式や披露宴では、会場の正面に新郎新婦が並んで座るのが通例である。しかし、江戸時代はそうではなかった。

次の絵を見ていただきたい。黄表紙『新蛇腹《しんじやばら》細見臍《さいけんのへそ》』（天明六年〔一七八六〕。雀声作。群馬

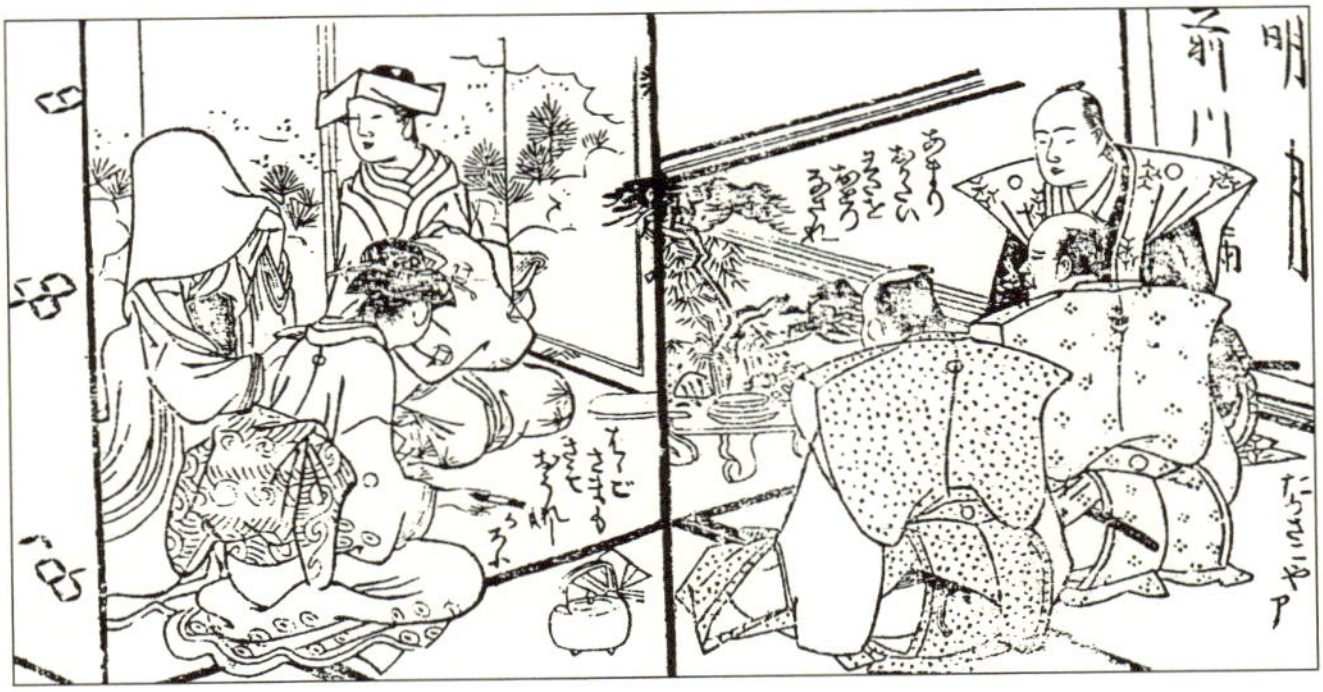

挿図②

亭〔勝川春朗〕画）の挿絵である（挿図②）。絵師の群馬亭（勝川春朗）とは、すなわち葛飾北斎（宝暦一〇年～嘉永二年〔一七六〇～一八四九〕）である。左手の綿帽子をかぶって顔を隠している女性が新婦である。新郎は新婦の右奥に着座している。新郎と新婦が並んではいない。斜めに向かい合わせに位置している。新郎より新婦の方がメインステージに鎮座ましましている点が注目される。「嫁入り婚」であるから新郎は新婦を自分の家へ招く側である。新婦は客人なのである。

　新婦がかぶっている綿帽子は、真綿を広げて作ったかぶり物で、もともとは防寒用であったが、後に素材が縮緬などになり、新婦の婚礼用品となった。新郎側が「あまり／おかたい／わたを／おとり／なされ」（あまりお堅い。綿をお取りなされ）と言っている。新婦が綿をかぶっているのは堅苦しいので、儀式ばるのはやめて、もっとリラックスするように促しているのである。お嫁さんを迎える新郎サイドの気遣いがうかがわれる。

画面右下に「たかさこやア」（高砂やァ）と記されている。謡曲『高砂』は長寿の夫婦のおめでたい内容なので、婚礼の席では定番の謡《うたい》である。夫婦円満で末永い幸せを祈って謡が披露されるのである。結婚式のお祝いソングは『高砂』であった。

四、結婚は一生の最大事

もう一枚、絵を見てみよう。『譬物語《たとえものがたり》』（天明元年〔一七八一〕）の挿絵である（挿図③）。夫婦となるために盃を取り交わしている光景である。いわゆる三々九度である。画中には、右端に「千しう／はんせい／めで／とう／こさる」（千秋万歳めでとうござる）と書かれている。「千秋」は千年、千歳《ちとせ》、つまり長い年月である。「万歳」は「ばんぜい」と読む。千年万年、永久、永遠を願う、長寿を祝う言葉で

挿図③

ある。絵の左中ほどには「このやうな／うれしい事ハ／いつしやうに／ない」（この様な嬉しいことは一生にない）と書き入れられている。現代では必ずしもそうではないかもしれないが、江戸時代においては、まさに結婚は人生、一生の最大事であったのである。

第四章　江戸の妊活奮戦記——家康も浄瑠璃姫にあやかった！

ＮＨＫの朝の連続テレビ小説「あさが来た」を覚えておられるであろうか。平成二七年度（二〇一五）下半期に放送された。平均視聴率は二三・五％で、連続テレビ小説史上最高を記録した人気ドラマである。昨年（平成三〇年）一一月から再放送されているので、記憶に新しい方も多いと思う。

主演は女優の波瑠《はる》である。波瑠は、モデル時代は「南波瑠」といったが、いまは「南」がとれて「波瑠」だけになっている。特にファンではないが、以前から「波瑠」という名前が気になっていた。本名は明らかにしていないようである。「波瑠」は芸名であろう。

芸名とは、芸能プロダクションや芸能事務所の社長やスタッフが、タレントを売り出すために思いを込めてつける名前である。「波瑠」という一見見慣れない文字にはどんな意味が込められているのであろうか。「波瑠」の文字にこだわってみたいと思う。

一、浄瑠璃の瑠は波瑠の瑠

まず注目されるのは波瑠の「瑠」である。なぜ「王」偏の「瑠」なのであろうか。江戸時代に生まれ、現在まで続いている人形劇が人形浄瑠璃《じようるり》である。現在は人形浄瑠璃文楽《ぶんらく》という名称で、国の重要無形文化財に指定され、ユネスコの世界遺産となっている。「文楽」は、寛政年間（一七八九〜一八〇一）に、淡路出身の植村文楽軒が、大阪（現在の国立文楽劇場の近く）ではじめた人形芝居の小屋に由来する。

浄瑠璃の「瑠璃」は瑠璃光如来《るりこうによらい》であり、薬師如来、薬師仏をさす。奈良の薬師寺に代表される薬師信仰である。人々の病を癒し、苦悩から救う仏様である薬師仏は、古来、庶民に親しまれた。

浄瑠璃とは浄瑠璃姫（浄瑠璃御前ともいう）という女性の名前である。浄く、きれいな瑠璃、すなわち青い宝石と名付けられた浄瑠璃姫は、峰の薬師に祈願して授けられた子供である。峰の薬師は、現在の愛知県新城市にある鳳来寺をさす。浄瑠璃姫は鳳来寺、峰の薬師の申し子で、三河国の国司夫婦の子である。

徳川家と密接な関係にあった歌人の烏丸光広《からすまるみつひろ》（天正七年～寛永一五年〔一五七九～一六三八〕）は、『日光山紀行』（元和三年〔一六一七〕）に「東照大権現は（中略）薬師ほとけの御化現なり」と記している。『日光山紀行』は、前年に逝去した徳川家康の亡骸《なきがら》を日光へ遷す際の紀行文である。三河国の岡崎に生を受けた徳川家康も、自らを峰の薬師の申し子であるとして、浄瑠璃姫にあやかったのである。

三〇歳を過ぎても子供に恵まれなかった三河の国司夫妻が祈願して、ようやく授かった子供が浄瑠璃姫である。この浄瑠璃姫の一代記が座頭《ざとう》たちによって語られた。座頭とは、琵琶法師に代表される盲人の芸能者である。座頭たちは、『浄瑠璃御前物語』『浄瑠璃姫物語』『十二段草子』などと呼ばれる、浄瑠璃姫という女性の物語に節《ふし》（メロディー）をつけて語った。浄瑠璃という語り物芸能は、物語の主人公である浄瑠璃姫に由来する。物語の主人公の名前が芸能の名称になったのである。

琵琶法師はもともと平曲を語っていた。日本を代表する軍記物語である『平家物語』に節をつけて、琵琶の伴奏で語ったのが、平家、平曲と呼ばれる中世の語り物芸能である。

琵琶法師などの座頭たちも『平家物語』だけを語っていたのでは民衆に飽きられてしまう。レパートリーを増やさなくてはならない。今も昔も芸能人は大変である。ひとつのレパートリーだけで食べていくのは難しい。現代でも、一曲目は大当たりするが、次が続かない歌手がどれだけ多いことか。ヒット曲ひとつでその後鳴かず飛ばずの、いわゆる一発屋の歌手はたくさんいるのである。いまなら、ヒット曲が一曲でも、カラオケで歌われれば、そこそこ印税が入るかもしれないが、六〇〇年前はそうはいかなかった。

浄瑠璃姫の物語（以下、『浄瑠璃物語』と記す）の芸能としての記録は一五世紀後半にまで遡る。室町時代後期の公家《くげ》で歌人の三条西実隆《さんじようにしさねたか》が、文明七年（一四七五）七月の日記（『実隆公記』紙背文書）に、「いつもの浄瑠璃御前」と記していることから、この時点で、すでに都（京都）で周知の語り物芸能であったことがわかる。文献による記録は、右記の記事が最古であるが、実際はもっと遡ると思われる。

『浄瑠璃物語』は一五世紀にはヒット曲の座を占めていたのである。一発屋で終わりたくない座頭たちがレパートリーに選んだのが『浄瑠璃物語』であった。『浄瑠璃物語』は運よくヒットし、浄瑠璃は芸能として確立したのである。

浄瑠璃が平曲に続く語り物芸能となると、当然、この浄瑠璃を専門に語る語り手、つまり浄瑠璃太夫《たゆう》が生まれてくる。浄瑠璃太夫は『浄瑠璃物語』だけを語っていたのでは一発屋で終わってしまう。新たなレパートリーを生み出していかなければならない。最初は、『山中常盤』や、『酒呑童子』など、幸若舞曲《こうわかぶきよく》や御伽草子といった先行文芸作品に主たる題材を得たが、しだいに岡清兵衛《おかせいべえ》（生没年未詳。貞享四年〔一六八七〕頃没カ）などの浄瑠璃作者が登場し、浄瑠璃固有のオリジナル作品を創出していく。

浄瑠璃は一六〇〇年前後に人形と結びついて、人形芝居として発展する。様々な浄瑠璃太夫が現れ、人形遣いや、伴奏の三味線弾きとともに一座を組織した。なかでも、貞享元年（一六八四）、大阪道頓堀に竹本座を旗揚げした竹本義太夫《ぎだゆう》（慶安四年～正徳四年〔一六五一～一七一四〕）が注目される。彼は、日本のシェークスピアと称される、劇作家の近松門左衛門（承応二年〜享保九年〔一六五三〜一七二四〕）と組んで、『曾根崎心中』（元禄一六年〔一七〇三〕五月七日初演）や、『国性爺合戦《こくせんやかっせん》』（正徳五年〔一七一五〕一一月初演）などのヒット作を上演した。『曾根崎心中』は、近松門左衛門の世話物《せわもの》（江戸時代の現代劇）の処女作で、大当たりにより、それまで不振続きであった竹本座の危機を一気に救うほどの興行成績をあげたという。また、『国性爺合戦』は三年越しのロングランとなる大ヒット作品であった。

竹本義太夫が創始した義太夫節以外にも、歌舞伎の下座音楽《げざおんがく》（伴奏音楽）として有名な常磐津節《ときわずぶし》や清元節《きよもとぶし》、更には、新内流しとして巷間に流布した新内節《しんないぶし》などの浄瑠璃の流派が今日でも語り続けられている。

タレント波瑠の瑠は、まさにこの浄瑠璃の「瑠」の字が用いられているのである。

二、浄瑠璃の伝播——歌舞伎との相違

次の絵を見てみよう。弥次さん喜多さんで有名な『東海道中膝栗毛』を書いた十返舎一九《じっぺんしゃいっく》がベストセラー作家となってから著した合巻《ごうかん》『金儲花盛場《かねもうけはなのさかりば》』（歌川安秀

挿図①

画。文政一三年〔一八三〇〕の挿絵である（挿図①）。十返舎一九（明和二年～天保二年〔一七六五～一八三一〕）は、駿河国（現、静岡県）の武士で、若い頃に大坂町奉行・小田切直年《なおとし》の書記となった。また、近松余七の名で浄瑠璃作者をしていた。

一人の女性が三味線を弾き、見台《けんだい》を見ながら浄瑠璃を語っている。女義太夫（娘義太夫）であろう。横で二人の男が楽しそうに聴いている。浄瑠璃の流派の中で人形と結びついて発展し、現在の文楽となった義太夫節は、女性によっても語られ、江戸時代に広く伝播した。

浄瑠璃と歌舞伎の大きな違いは、浄瑠璃は素人が習うことができるが、歌舞伎は習うことができないことである。一般に日本舞踊（日舞）と言われる歌舞伎舞踊を習うことはできるが、歌舞伎芝居そのものをお稽古事として一般人が習う文化はない。歌舞伎は、基本的に、歌舞伎役者が演じるものである。ただし、最近は、平成中村座の笹野高史のように、明らかに歌舞伎出身ではない、別ジャンルの俳優が歌舞伎に出るようになっている。が、これは元来、歌舞伎の世界になかったことである。

浄瑠璃、特に義太夫節は、お茶やお花やピアノなどの習い事と同様に、素人衆に伝播した芸能である。アマチュアがレッスンプロについて習うのである。アマの中から優れた芸を持つ人が現れ、プロになることができるのが浄瑠璃の世界である。従って、浄瑠璃には門閥制度がない。歌舞伎役者の血筋をひく人間が主流をなしている歌舞伎界とは、基本的に性質が異なるのである。

町のお稽古事として、一般民衆を相手にした浄瑠璃は、性別や年齢を問わず広がりを持ち、歌舞伎のように劇場で観たり聴いたりするだけではなく、一般人が語る芸能として現在まで生き続けているのである。

三、浄瑠璃の原点は産育の物語――人類普遍のテーマ

先に記したように、浄瑠璃の原点は『浄瑠璃物語』にあった。三十路《みそじ》を過ぎても子供がいない夫婦が、峰の薬師に祈願して、ようやく授かった子供が浄瑠璃姫なのである。

『浄瑠璃物語』の冒頭に位置する「申し子」には、挿絵とともに次のように記されている（挿図②）。

南無《なむ》薬師十二神《じん》、願はくは、みづからに男子《なんし》にても女子《によし》にても、子種《こだね》を一人授け給へ。その願成就《ぐわんじやうじゆ》するならば、矢矧《やはぎ》の家に七つ候ふ宝物《たからもの》を、一つづつ次第次第に参らすべし。（中略）男子にても女子にても、長者をあはれとおぼしめさば、子種一人授け給へ。これを御用ひ候はずは、かの御堂の内陣《ないぢん》にて腹十文字にかき切り、腸《はらわた》つかんで薬師に投げかけ、荒人神《あらひとがみ》となりて、参る人に障礙《しやうげ》をなし候はん時、長者を恨み給ふな。

（松本隆信校注『新潮日本古典集成　御伽草子集』一一頁。底本は東京大学総合図書館所蔵の絵入り古活字本。慶長末年〔一六一四〕頃）

挿図②

浄瑠璃姫の母親の懇願は凄まじい。「男子にても女子にても、子種を一人授け給え」のフレーズを繰り返している。ともかく、男であろうが、女であろうが子供が欲しいという思いが前面に出ているということがわかるであろう。この願いがかなわないならば、峰の薬師の御堂の内陣で、腹をかき切って、腸をつかんで、お薬師様に投げつけ、荒々しい神となってたたりをするとまで言っている。まさに狂気の沙汰である。祈願している薬師仏を脅しているのである。そこまでしても子供が欲しいという願い、浄瑠璃姫のお母さんの必死さが伝わってくるであろう。まさに妊活奮戦記である。

『浄瑠璃物語』の「申し子」部分には、三〇歳を過ぎて子供が持てない夫婦が死物狂《しにものぐるい》で祈願している姿が描写されている。中世も近世も、現代も変わらない。いつの時代も子供を授かることは一大事である。高齢出産はいつの世でもリスクが高い。高齢出産、マルコウ年齢は三五歳以上とされている。三〇歳を過ぎても子供ができないことは、子供が欲しい夫婦、特に女性にとっては死活問題なのである。

浄瑠璃の原点である『浄瑠璃物語』は、子供を産み育てるという、人類普遍のテーマを扱っている。浄瑠璃という芸能は、産育をテーマとした物語から発したのである。浄瑠璃の大衆への広がりや、現代まで続く伝統を考えるとき、人類の誕生という、日本人だけではなく、世界に通じるテーマに基づく物語に浄瑠璃が端を発していることを再認識すべきであろう。

四、瑠璃も玻璃も照らせば光る

人気タレント波瑠の「瑠」は、江戸時代に流行った浄瑠璃という語り物芸能の名称の一字である。浄瑠璃の原点は、中世の『浄瑠璃物語』である。物語の主人公は、浄瑠璃姫という女性であり、三十路を過ぎた男女が必死な思いで子授け祈願をして、仏様から授かった大事な女の子であった。浄瑠璃姫は名前の通り、きれいな青い宝石のような美人であった。

では、波瑠の「波」にはどのような意味が込められているのであろうか。ここで思い起こされるのが、「瑠璃も玻璃も照らせば光る」ということわざである。前述したように、瑠璃は青い宝石である。玻璃は水晶をさす。「瑠璃と玻璃は異なるものだけれども、照らせばどちらも輝くことから、優れたものに光を当てると、多くのものに混じっていても同じように美しく輝く」という意味である。すなわち、「優れた素質や才能がある者は、どこにいても目立つ」ということのたとえである。

芸能界には多くのタレントや女優がいるが、どんな人たちの中にいても、優れた素質や才能の持ち主ならば、必ず輝けるはずであり、いかなる場でも能力をいかんなく発揮できるという思いが「波瑠」の文字には込められていると思われてならない。浄瑠璃の「瑠璃」、そして「玻璃」の「玻」が用いられているからである。

ただ、なぜ「玻璃」の「玻」を、「王」偏ではなく、「三水《さんずい》」偏にしたのであろうか。三水偏の「波」は、良い波もあれば悪い波もある芸能界の荒「波」を潜って、いかなることにも負けずに大成してほしいという、名づけ親の願望が込められたネーミングではないかと推測するが、いかがであろうか。

第五章　江戸の育児と幼児教育

現代日本では、幼児や児童の虐待が後を絶たない。テレビやネットで、実の親や保護者による子供の傷害事件や殺人事件に関する報道がなされない日がないほどである。まさに大きな社会問題となっている。少子化は進む一方である。本来子供は大切にされなければならないはずなのに、どうなっているのであろうか。

大学という高等教育の現場では、授業アンケートが恒常的に行われ、学生の意見を取り入れ、学生サイドに立った授業運営が必須となっている。そのような今日において、初等教育ないしは中等教育の現場はどうなっているのか。そもそも初等・中等教育を受けている生徒たちの家庭内での親子関係そのものが変化してしまっているのかもしれないと考える。

江戸時代にも幼少児への虐待に類する行為は当然存在した。堕胎、捨て子、間引《まび》

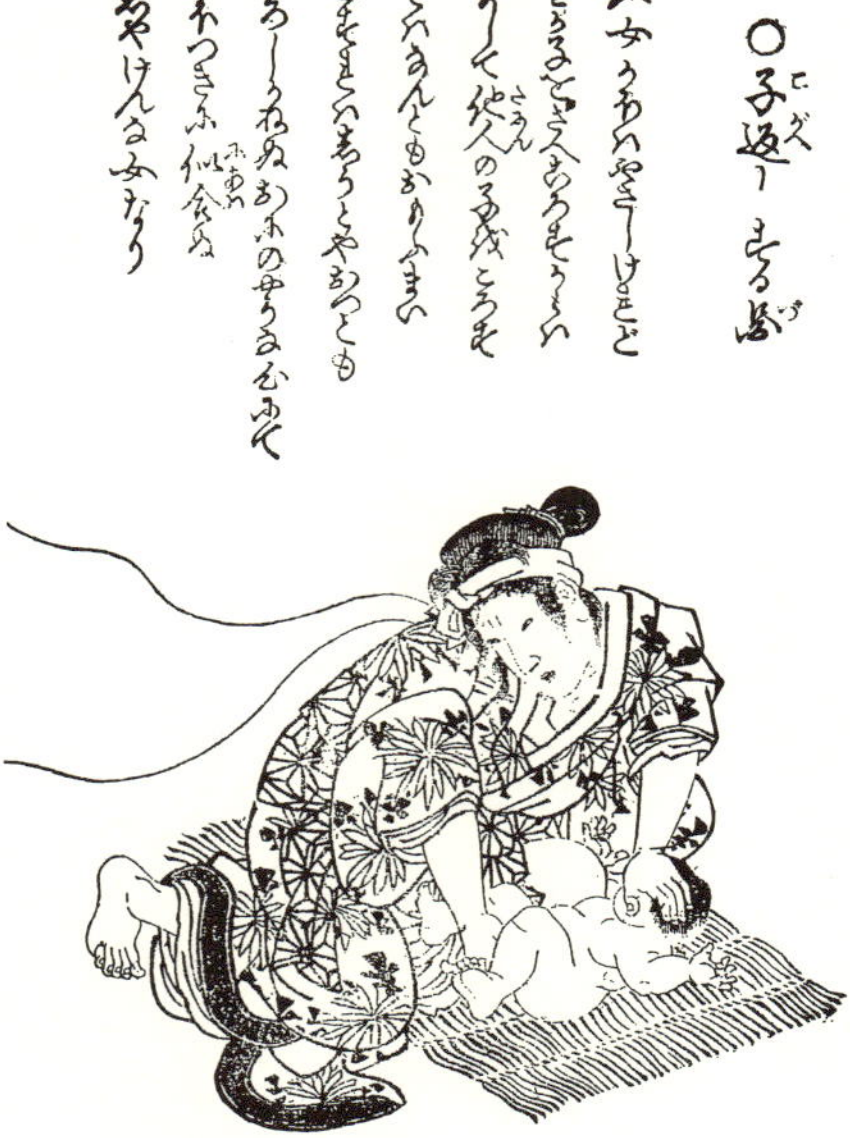

挿図①

きなどである。間引きは子返し、洗子《あらいご》とも言った。次の絵をご覧いただこう。『子孫繁昌《しそんはんじょう》手引草《てびきぐさ》』（安政四年〔一八五七〕）の「子返しする図」である（挿図①）。「此女かほハやさしけれどわが子をさへころすからハまして他人《たにん》の子をころすことハなんともおもふまい」云々と書かれている。優しい顔をしているが自分の子供を殺すのだから他人の子供を殺すのは平気であろうというのである。

伴蒿蹊《ばんこうけい》（国学者・歌人。享保一八年〜文化三年〔一七三三〜一八〇六〕）が著した『近世畸人《きじん》伝』（寛政二年〔一七九〇〕）に「関東のならひ、貧民子が数多あるものは、後に産せる子を殺す。これを間曳きといひならひて」とあるように、口減らしのために生まれたばかりの我が子を殺す「間引き」が行われていた。口減らし、つまり家計のために、家族の構成員を減らすのである。生活のためとはいえ我が子を殺すのであるから殺人である。現代ならいかなる理由があろうとも許されない。また、子沢山で恵まれない子供たちの多くを、奉公に出したり、養子に行かせるなどの行為は頻繁に行われたのである。

前章の『浄瑠璃物語』のように、子供を希求して必死に神仏に祈願する行為が見られる一方で、江戸時代においても子供への虐待やいじめが存在した。ネットやSNSなどがない時代であるから情報は限られており、知られている以上に虐待の事例はあると考えるべきであろう。

しかし現代においても、これだけ頻繁に報道されているにもかかわらず、虐待が隠蔽され、改善されているとは言い難い現状を目の当たりにするに、報道されている事例はごく一部に過ぎないのではないかと思うのである。少子化にもかかわらず、幼児・児童の置かれている環境は必ずしも安全とはいえないのではないかと疑いたくなるのは私だけではないであろう。

一、「七つまでは神のうち」

「七つまでは神のうち」と言って、七歳までの子供は神様と同じで大切にされた。現代とは異なり医療が発達していなかった時代において、乳児や幼児の死亡率は想像以上に高かったと思われる。間引きは存在していても、次世代を築く乳幼児に対して、基本的には大事に育てるという社会通念があったと考えられる。

年齢のカウントの仕方がまさにそのことを如実に示している。現代では「満年齢」が普通でゼロ歳からはじまるが、昔の日本では「数え年」であったから、一歳から数えるのである。人間は母親の胎内にいる時から生を受けている。「胎内一〇月」で、母親の胎内で約一〇か月間、約一年程度過ごすのである。胎内にいる時点から年齢を数えるのである。胎内で約一年を経ているとの判断である。

アンチエイジングが叫ばれ、欧米の影響からか、女性は特に実年齢を公表するのを憚《はばか》る傾向にある昨今、一歳から数える年齢計算方法は採り入れたくないであろう。

しかし、かつての日本では一歳から数える方法が通常であり、「満年齢」が一般化したのは第二次世界大戦終了後、たかだか七〇年程度のことなのである。

二、胎内脱出後の一年間

母親の胎内から出てからの一年間はお祝い事のオンパレードである。まず胎内での約一年間を経て、無事人間としてスタートしたことへの社会全体の賛意の表れといっていいであろう。七夜《しちや》、宮参り、食い初《ぞ》め、初節句など、現代でも続いている行事である。

数え年「一歳」の一年は「お七夜」「七夜」と呼ばれる行事からはじまる。誕生して七日目のお祝いである。枕引き、ななよ、うぶたてとも言う。「お質屋様か知らないが、流してしまいなすったら、七夜の祝儀も出さねへで、ろくなこっちゃァござりやせん」（洒落本『船頭部屋《せんどうべや》』一九世紀初）とあるように、七夜は、周囲の人々に赤ん坊を披露しお祝いをもらう大事な行事であった。

三、宮参り・食い初め

子供が生まれてから初めて産土神社《うぶすなじんじゃ》にお参りにいくのが宮参りである。男子は三一日目、女子は三二日目が一般的であった。男女で少し日をずらすのである。

次の絵をご覧いただきたい。黄表紙『神田《かんだ》与吉《よきち》一代噺《いちだいばなし》』（安永七年〔一七七八〕）の鳥居清長（鳥居派四代目当主。宝暦二年～文化一二年〔一七五二～一八一五〕）による挿絵である（挿図②）。宮参りの風景を描いている。画中に「そく／さいゑん／めい」と書かれている。「息災延命」である。「延命息災」ともいう。物事が終わって落ち着くことを「終息する」という。「息」には「やむ。

挿図②

挿図③

しずまる」の意がある。災いをしずめて取り去り、長寿を願うのが「息災延命」である。生まれた子供が無事に育って命永らえてほしいと切に願ってお参りをするのである。現代にも通じるごく自然な生への欲求が示されているといえる。

その後、生後一〇〇日目になると、大人同様の食事を作って食べさせる食い初めが行われる。実際は食べさせる真似をするだけである。もう一枚絵を見ていただきたい。黄表紙『二《に》度《ど》生《おぼ》子《こ》掘出物《ほりだしもの》』（市場《いちば》通笑《つうしょう》作。天明五年（一七八五））の挿絵で、絵師は北尾政美である。食い初めの光景が描かれている（挿図③）。

挿図④

四、捨て子

無事この世に生を受けても、様々な事情で実の親が育てることができずに捨てられてしまう子供もいた。

次の絵をご覧いただきたい。黄表紙『敵《かたき》討巌間鳳尾艸《うちいわまのかじのき》』（南杣笑楚満人《なんせんしょうそまひと》作。歌川豊広画。享和三年〔一八〇三〕）の挿絵である（挿図④）。挿絵を描いた歌川豊広（文政一二年〔一八二九〕没）は、初代歌川豊国と並び称された絵師であり、ちなみに『東海道五十三次』を描いた歌川広重（寛政九年〜安政五年〔一七九七〜一八五八〕）は門人である。

右の男が捨て子の父親である。「かハい

や／＼」「人のいふにちがひなく／なさけぶかひ人とミへたうれしや／これでハこぞうがいのちがたす／かるであろう」と書かれている。これに対して、左の男の傍に「これハ／＼此ような／よひ子をすてるおやの／心ハおもひやられる／よく／＼の事で／あらうおれがこにするぞ／なくな／＼」とある。

『敵討巌間鳳尾艸』は武家のお家騒動物である。ご法度に反して、奥女中が家臣と恋仲となり男子を出産するが、産後まもなく病死する。それゆえ、家臣は男子をミカンカゴに入れて捨て子にするしか方策がなかったのである。「出てうせう汝《なんじ》元来みかん籠《かご》」（『誹諷柳多留』初編、明和二年〔一七六五〕）とあるように、ミカンカゴは捨て子の代名詞であり、江戸時代は、ミカンカゴに入れて捨てるのが常道であった。

現代では「捨て子」は差別語であるとされ、「棄児」（遺棄された子供）や「赤ちゃん置き去り」などの用語で報道される。昭和四五年（一九七〇）頃から普及しはじめたコインロッカーの中への赤ちゃん遺棄などが典型的である。年端もいかない男女が生活力がないにもかかわらず出産してしまい、子供の扱いに困って遺棄するなど、現代では捨て子にはネガティブなイメージの方が強いと思われる。

前述した口減らしのためなど、江戸時代にも似たような例があったとは思われるが、『敵討巌間鳳尾艸』に「人の言うに違いなく情け深い人と見えた」とあるように、他人の噂を聞いて、無事に育ててくれそうな人のもとに捨てた親もいたのである。子供を拾う側も「此ような良い子を捨てる親の心は思いやられる。よく〳〵の事であろう」と、捨てる側の親に一定の理解を示す社会通念があったといえよう。また、「俺が子にするぞ泣くな〳〵」と言っているように、実子であるか否かにかかわらず、有能であれば養子にして自らの家を継承させたいとの意向もあったと考えられるのである。

実の親が自分の子供を育てることを放棄して他人に押し付ける遺棄行為は江戸時代でも許されるべきことではなかった。例えば、「一、金を付捨子を貰其子を捨候者　引廻獄門」（『御定書』寛保二年〔一七四二〕）のように、それは元禄期の生類憐み政策からはじまり、その後、捨て子の禁令が度々出されていることからも明らかである。しかし、現代と異なるのは、母親の病死により乳を与えることができないなど、ある意味で致し方ない事情で子供を遺棄せざるを得なかったケースも相当数にのぼっていたようである。子供を拾い育てる側にも、家の存続のために養子が得られてラッキーであるという、血縁関係を超えた観念が社会にあったことは注意しておくべきであろうと思われる。

五、寺子屋

江戸時代、二月は梅見月と呼ばれ、亀戸など梅の名所は人々で賑わった。一方、二月の初午の日は六、七歳になった子供が寺子屋に入門する日であった。寺入り、初登山ともいって、現代で言えば小学校への入学、小学生誕生である。

まず一枚の絵を見ていただきたい。十返舎一九の黄表紙『初登山《しょとうざん》

挿図⑤

手習方帖《てならいじょう》』（寛政八年〔一七九六〕）の挿絵で、絵師は十返舎一九本人である（挿図⑤）。初登校の光景である。三人で寺子屋入りである。現代ならば「一年生になったら、一年生になったら」と歌いながら、皆でわくわくしながらというところであろうが、右の男子は寺小屋で手習い（勉強）は嫌いだと机を自分で背負って帰るところである。寺子屋入学時にはマイデスクを持ち込んだのである。

挿図⑥

もう一枚の絵を見ていただきたい。山東京伝作・画『四時交加《しきのゆきかい》』（寛政一〇年〔一七九八〕）の挿絵である（挿図⑥）。富裕な町人の子供なのであろうか。親とお供の者を従えての入学風景である。机などの勉強道具はお供が持っての寺子屋入りである。

挿図⑦

六、いたずら

今も子供はいたずら大好き人間である。次の絵を見てほしい。黄表紙『教訓《きようくん》蚊《か》之《の》呪《まじない》』（市場通笑作。天明二年〔一七八二〕）の挿絵である（挿図⑦）。絵師は北尾政演、すなわち山東京伝である。寺子屋でいたずらをして先生に怒られて子供が謝っている姿である。先生がかけているのは目鬘（めかつら。めかずら）である。百眼《ひやくまなこ》ともいった。厚紙で作って眼鏡のように顔に装着する。目の部分だけの仮面、一種のお面である。目のお面をつけて遊んでいたので先生に取り上げられたのであろう。当時の子供にとって、目鬘は簡単に変装することができる格好のお遊びグッズだったのである。

なお、百眼は百面相ともいって、文化年間（一八〇四～一八）頃から、寄席芸としても行われた。

第六章　老いても元気な江戸老人

現代日本は長寿社会である。平成二九年（二〇一七）の平均寿命は、女性が八七・二六歳、男性が八一・〇九歳で、男女とも過去最高を更新している。女性は香港に次いで二位、男性は香港、スイスに次ぎ三位と、世界的にも長寿国であることは間違いない。

一方、少子化に歯止めがかからない。日本の人口は、平成二〇年（二〇〇八）の一億二八〇〇万人をピークに下降線を辿っている。平成三〇年（二〇一八）の出生数は九一万八三九七人で、過去最少を更新した。前年比で約三万人の減少である。一人の女性が生涯に産む子供の数（合計特殊出生率と呼ぶ）は一・四二人で、三年連続の低下である。

女性が子供を産まなくなった、夫婦が子供を作らなくなったなどと言われているが、女性の人口そのものが減っていることを見逃してはいけないだろう。出産適齢期とされる一五歳から四九歳の女性が二五〇〇万人を下回り前年比で一・四％も減少しているからである。しかし、第一子を産む女性の平均年齢は三〇・七歳、過去最高水準で高止まりしており、晩婚化・晩産化の傾向はなお続いている。

第四章で述べた浄瑠璃姫の親のように、江戸時代では、結婚して三〇歳を過ぎて子供が持てないことは、お嫁さんとしては致命的であった。平成三〇年は三〇から三四歳の女性が最も多く出産している。医療技術の進歩により、現代のマルコウ年齢は多少上昇しているようだが、飛躍的に伸びてはいない。人間の産育状況はいつの時代も変わらぬ大問題なのである。

一、江戸時代の平均寿命

江戸時代は現代に比べればずっと平均寿命が短かった。その理由は乳幼児の死亡率が圧倒的に高かったからであると思われる。子供は生まれても無事育つとは限らない。誕生しても幼少時に亡くなってしまい、すくすく育つ割合が低かったのである。

ましてや、乳児から幼児、そして成人を迎え、いずれ老人に至るまで、健康に長らえて一生をまっとうできる人の割合は低かった。年長者や老人が尊敬されたのは儒教的な考えだけではなく、健康で長生きをして人生をまっとうしていることに対する、純粋な敬意でもあった。

二、子供も『高砂』

第三章で触れた、結婚式ソングの『高砂』は子供が習う謡曲であった。次の絵を見てみよう。黄表紙、十返舎一九作『復讐両士孝行《かたきうちふたりこうこう》』（文化三年〔一八〇六〕）の挿絵である（挿図①）。

挿図①はご覧いただければ一目瞭然で、寺子屋での授業風景である。絵の右中央の下部に「きさへもん／子どもに／うたい／を／おし／ゆる／たかさご／やァ」と記されている。右に描かれている喜左衛門先生が謡曲『高砂』を教授しているのである。画中に三箇所「〽たかさごやァ」とある。「〽」（庵点《いおりてん》）ではじまっていること

挿図①

とから子供たちが『高砂』を謡っていることがわかる。

江戸時代、『高砂』は幼少時から教育されていた。現代と同様、いやそれ以上に、長寿を願う思いが強かったことを示しているのである。

三、老いてもなお健在？——シニア世代の大活躍

現代では、定年を待たずに早期退職し、元気なうちに残された人生を愉しむ人たちが増えている。早めのリタイア生活である。まさに「ご隠居様」である。

まずこの絵を見ていただこう。黄表紙『常々艸《つねづねぐさ》』（市場通笑作。天明元年〔一七八

一〕の挿絵である（挿図②）。たくさんの孫たちに囲まれた老人の姿である。現代にも通じる光景であり、まさにリタイア後、のんびりと余生を送るシニアである。

　町人社会では五〇歳頃までに隠居するのが通例であったようである。「人は知らぬ事、隠居銀大分御座れば明日でも目をふさぎ給はば、いかなる果報にかなるべし」（浮世草子『好色一代女』。井原西鶴作。貞享三年〔一六八六〕）とあるように、「隠居銀（いんきょがね。いんきょぎん）」と言って、余生を送るための貯金をそれまでに貯めておくのである。まさに現代において第二の遊びを愉しむシニア世代に通じる発想である。

挿図②

　次の絵をご覧いただきたい。黄表紙『松《まつ》茸売親方《だけうりのおやかた》』（安永七年〔一七七八〕）の挿絵である（挿図③）。絵師は磯田湖龍斎である。画中に「かねてのそミしちやわん」（かね

挿図③

て望みし茶碗）と記されている。前々から所望していた茶碗をようやく入手した武士が茶の湯を嗜む姿である。「なんでも鑑定団」のお宝マニアは江戸時代にもいた。

もう一つ絵をご覧いただきたい。黄表紙『文武二道万石通《ぶんぶにどうまんごくとおし》』（天明八年（一七八八））の挿絵である（挿図④）。作者は朋誠堂喜三二、挿絵は喜多川行麿である。朋誠堂喜三二は、秋田の佐竹藩御留守居役をつとめた人物で、手柄岡持《てがらのおかもち》の名で狂歌師としても活躍した。また、喜多川行磨は、安志《あんし》藩（現、兵庫県姫路市安富町周辺）の御留守居役であり、喜三二と行磨は知己の仲であったと思われる。右手前方には生け花をする一人の男、後方には蹴鞠を愉しむ二人の男性、また、左手奥にはお香、手前には茶の

挿図④

湯を愉しむ光景が描かれている。この場面は、安永から天明（一七七二～八九）頃に全盛を誇った、日本料理の江戸洲崎の升《ます》屋《や》宗助《そうすけ》（祝阿弥）の屋敷の図である。茶の湯や生け花は茶道、華道として精神修行の道として確立したが、江戸時代、一八世紀中頃から遊芸の一つとして広まっていく。挿図④は、このような光景を武士の堕落としてからかった場面である。

少子高齢化社会が進む現代日本では、シニア世代の活躍が叫ばれている。定年後の第二就職、後進の指導、地域貢献などの社会貢献が求められている。

江戸の高齢者も、すんなり楽隠居というわけにもいかなかったようである。「言はば隠居商《いんきよあきない》のやうな物だから」（人情本『孝女二葉錦《こうじよふたばのにしき》』。為永春水作。文政一二年〔一八二九〕）とあるように、江戸時代、これらシニア世代の活躍は「隠居商」や「隠居勤」と呼ばれていた。「隠居商」は隠居した人が片手間にする商売のことであり、「隠居勤」は文字通り、役職を退いた人が引き続き適当な職をつとめることをさす。江戸時代も、孫と戯れたり、趣味に興じるご隠居さんばかりではなかったのである。

次の絵をご覧いただきたい。滑稽本『世中貧福論《よのなかひんぷくろん》』（文化九年〔一八一二〕）である（挿図⑤）。本文・挿絵とも十返舎一九の作である。老人が若い奉公人の女性と親密な関係になり家中が大騒動になっている場面である。老いてもなお精力旺盛なシニアは江戸時代にもいたのである。しかし、遊びも度が過ぎると問題である。レジャーや旅行、グルメあたりならいいが、男女間の問題となるとややこしくなるのはいつの時代でも同じである。

挿図⑤

第七章　ご当地ソングのルーツをたどる――江戸のヒットソング(一)

ご当地ソングと聞くと何を思い浮かべるだろうか。現代では、自分の出身地や、ゆかりの土地にちなんだ流行歌、その土地の地名がタイトルに入った歌謡曲（ポップス）であろう。本来、「ご当地」は、他の土地の人が、ある土地を訪れて、その土地を言う尊敬語である。「ご当地」ソングには、ある特定の土地への深い思いが込められているのである。

東では、『函館の女《ひと》』（北海道。北島三郎。一九六五年）、『襟裳岬』（北海道。森進一。一九七四年）、『津軽海峡・冬景色』（青森。石川さゆり。一九七七年）、『青葉城恋唄』（宮城。さとう宗幸。一九七八年）など、西では、『大阪しぐれ』（大阪。都はるみ。一九八〇年）、『雨の御堂筋』（大阪。欧陽菲菲《オーヤンフィーフィー》。一九七一年）、『長崎は今日も雨だった』（長崎。内山田洋とクールファイブ。一九六九年）など、挙げたらきりがないほど出てくる。関東だけでも、『東京ブギウギ』(東京。笠置シヅ子。一九四七年)、『銀座の恋の物語』(東京。石原裕次郎・牧村旬子。一九六一年)、『横須賀ストーリー』(神奈川。山口百恵。一九七六年)など、枚挙にいとまがない。

これらは戦後から歌われている昭和の懐メロであるが、現代でも福山雅治（二〇〇五年）、湘南乃風（二〇〇七年）、Mr.Children（二〇〇八年）など、多くのアーティストたちが東京のご当地ソングを歌っている。

読者の皆さまの中で、カラオケがお好きな方がいらっしゃったなら、最低一曲は持ち歌にご当地ソングをお持ちだろうと思う。なかには、「ご当地ソングが私の十八番！」という方も少なくないのではないだろうか。

一、甚句——元祖・ご当地ソング

「ご当地ソング」という言葉は、美川憲一の『柳ケ瀬ブルース』(岐阜。一九六六年)あたりが最初とされているようである(長田暁二『歌謡曲おもしろこぼれ話』社会思想社、二〇〇二年、二一四頁)。

最近では、「ご当地ソングの女王」の異名をとる歌手まで登場している。演歌歌手の水森かおりである。水森が歌う「ご当地ソング」は、出す曲出す曲がオリコンチャートで上位にランキングされている。「女王」のあだ名のゆえんである。三作連続トップテンに入った、『釧路湿原』（北海道。二〇〇四年）、『五能線』（秋田・青森。二〇〇五年）、『熊野古道』（和歌山。二〇〇六年）は、すべてご当地ソングである。女性演歌歌手の三作連続オリコントップテン入りは史上初の快挙らしい。ご当地ソングは今も根強い人気を誇っているのである。

『柳ケ瀬ブルース』がご当地ソングのルーツとなると、たかだか半世紀ほどの歴史しかないことになる。「ご当地ソング」というフレーズは最近かもしれないが、日本には、江戸時代から「〇〇甚句」と名付けられた歌謡が各地に残る。甚句といえば、現在では相撲甚句が有名だが、「〇〇」は地名である。「地名＋甚句」と名付けられたご当地ソングが全国に伝わっているのである。

二、甚句とは？

まず、藤田徳太郎や浅野建二らの先行研究によれば、歌謡としての甚句は二つに大別される。一つは盆踊唄で、いま一つは酒席の騒ぎ唄である。盆踊唄は口説《くどき》形式をとり、叙事的な長編の歌であり、七七調の反復形式で単純な節を繰り返す。口説は、本来はくどくどと心情を訴えることである。音楽的な節回しとしては、平曲では、叙事的に語り流す部分、謡曲では、慕情や愁嘆などを述べる部分をさす。時代を経ると、扇情的な調子を加えていく。

酒席の騒ぎ唄は、文化・文政（一八〇四～三〇）頃から流行する。近世小唄調で、七七七五調をとり、二上り調で短詩形である。

三、甚句の「甚」

「甚句」は、「甚《はなは》だしい句」という、一見見慣れない名称である。「甚句」の名称はどこから来たのであろうか。名古屋甚句を例にとれば、演者の名前は甚鍵や甚富など、全て「甚」が付く。なぜ甚句といい、その担い手には「甚」を付すのであろうか。

中国最古の部首別字書『説文解字《せつもんかいじ》』（『説文』。西暦一〇〇年頃成立）では、「甚」を「甘」と「匹」を合わせた会意文字であると説く。「甘」は食道楽で、「匹」は性の快楽の意であり、そこから「食道楽や女道楽に深入りする」の意味を表すようになったとするのである。『大漢語林』（鎌田正・米山寅太郎著、大修館書店、一九九二年、九四五頁）では、象形、つまり字形としては、金文《きんぶん》（金属製の容器・兵器・貨幣・印章などに記された銘文）の実例などから、「甚」は「煁」（おきかまど。携帯できる照明用のかまど）のもとの字で、「耽」（タン。ふける）に通じ、そこから、現在用いられている「はなはだしい」という程度を越すという意味が定着したとの説を記すが、従来の字書は、おおむね、先の『説文解字』の説に従っている。

それでは、甚鍵や甚富など、「甚」は何故人名に付くのであろうか。誰でもすぐに思い起こすのは「甚兵衛（甚平）」であろう。「袖なし羽織」の意味で、世間一般に通用している言葉であるが、「兵衛（平）」が付されていることから人に関わる語であると考えられる。雑俳に「甚兵衛が女房とうとう泣殺し」（『川傍柳《かわぞいやなぎ》』二編、天明元年（一七八一））とあるように、「甚兵衛（甚平）」とは、「好色な人、精力の強い人」を人名のように表していう語である。「総領の甚六」といえば、「おっとりして世間知らずの長男」のことをさす。『諺苑《げんえん》』寛政九年〔一七九七〕序）。また、「ひとり息子の甚六」（絵本『このころ草』天和二年〔一六八二〕）などの用例が知られる。

為永春水の人情本『春告鳥《はるつげどり》』三編巻之九第一七章（天保七・八年〔一八三六・七〕）に「嫉妬《やきもち》をやくことを、甚助といふことは遊所の隠し言葉なり」とあるように、「甚助を起こす」といえば、「やきもちをやく」ことを表す。「甚助」は色欲が盛んで嫉妬深い性質や、そういう性質の男性をさす遊里の隠語である。

このように、「甚句」の「甚」は人に関わる語、それも道楽や好色、遊里に関わる言葉である。

四、「甚句」の表記

前節でみたように、道楽者や好色な人に関わる「甚」という文字の下に、詩歌や俳諧などの一小節をさす「句」を付して、「甚句」と表記するのが現在では普通で

挿図①

ある。「甚句」とは「道楽者や好色な人のフレーズ」ということになる。「甚句」という表記では、ご当地ソングとはややかけ離れた意味になるのではないだろうか。

　江戸時代最大のベストセラー小説、滑稽本『東海道中膝栗毛』四編下（十返舎一九作・画。文化二年〔一八〇五〕）を見てみよう。宮の宿（熱田宿。東海道四一番目の宿場。現、愛知県名古屋市熱田区）で、按摩《あんま》が甚句を歌う場面が挿絵とともに記されている（挿図①）。

あんま　しかしまんだ、わしがじんくを、旦那がたへきかせたい
北八　コリヤよかろふ。やらかしねへ
あんま　そのかハり、わしもほめてがなけらにや、はりあいがない、うたひしまつたら、だんな、ほめて下さるかな
北八　ヲットしやうち〳〵
あんま　ドレやりからかさふ
ト北八がつむりをもミながらひやうしをとりてあたまをぴしや〳〵
あんま　ジャゞジャン〳〵、エヽヽヽよふたよた〳〵五しやくの酒に、壱合のんだらさままたよかろ（中略）やとさのせ〳〵

原本には右のように記されている。按摩のセリフにあるように、「じんく」と平仮名で表記されている。

次に、小説よりも大衆性が強いと考えられる演劇、それも江戸時代最大の娯楽である歌舞伎はどうであろうか。四世鶴屋南北の名作『東海道四谷怪談』は、文政八

年（一八二五）七月に江戸の中村座で初演された。この『東海道四谷怪談』の「雑司ヶ谷四谷町の場」について、初演と同じ文政八年に書写された、鈴木白藤《はくとう》旧蔵の台本（早稲田大学演劇博物館所蔵）を見てみよう。鈴木白藤（明和四年～嘉永四年（一七六七～一八五一））は通称岩次郎といい、江戸時代後期の儒者であり、幕府の書物奉行で蔵書家であった。

本舞台三間の間。伊東喜兵衛宅、座敷の体。（中略）甚九の唄にて、道具留る。ト団十郎、上座にすわり、藤蔵、後家のこしらへ。件のおのへ、銚子、盃、鉢肴なぞ取ちらし、善二、染五郎、酒もりの体。千代飛助、甚九をおどりいる。（中略）千代飛助、おどりころぶ。皆々笑ひに成ル。

善・染　イヤ、どうでも伴助ハ越後産ゆへ、甚九はきつゐものじや

藤蔵　とても事に秋山様、あなたもなんぞお隠し芸を拝見致とうござりまする

善　イヤ、それハめいわく。身共がげいと申シてハ、声色ばかりとござる
　　て
宗三　それハ一興。声色ハこれをだれを遣つしやる
善　やはり築地が声色をサ
染　イヤモ貴公の築地も、余り流行におくれました。チト鉄砲洲へでもて
　　ん宅さつしやい
善　其転宅ハ愛宕の下でハござらぬか
染　何をいわつしやる

「団十郎」は七代目市川団十郎である。「おのへ」は三代目尾上菊五郎で「兼ねる菊五郎」と呼ばれ、『東海道四谷怪談』初演では、お岩と小仏小平《こぼとけこへい》の二役を演じた。「善二」は二代目の坂東善次で、父の初代善次は「築地の善好《ぜんこう》（交・公）」と呼ばれた人気道化役者で、鶴屋南北の協力者であった。他に松本染五郎、中村千代飛助《ちよびすけ》の名前が見られる。

ト書きに二箇所、セリフに一箇所の合計三箇所に「甚九」と記されている。三箇所とも全て、現在の「句」ではなく、漢数字の「九」が用いられている。

他にも、初演年次に近い時期に書写された台本には、『東海道中膝栗毛』と同じく、「じんく」ないしは「しんく」と平仮名で記載されている。初演時にはじまり、江戸時代後期に書写された『東海道四谷怪談』の台本には、「甚句」は、「甚九」あるいは「じんく」「しんく」と記されていることがわかる。

ところが、明治末から大正期に書写された台本になると事情が変わってくる。永谷秀葉旧蔵本（早稲田大学演劇博物館所蔵）には次のように記されている。永谷秀葉は、明治・大正期の作家で脚本家である。

> 伊藤喜兵衛か宅、坐敷の体。（中略）甚句の唄にて、道具とまる。
> ト伊右衛門、上座に座り、お弓、後家の姿。乳母のおまき、銚子、盃、鉢肴など取りちらし、長兵衛、藤蔵、酒盛の体。伴助、甚句をおどりゐる。（中略）伴助、踊りころぶ。皆々笑いになり。

喜兵衛　イヤ、どうも伴助は越後生れ故、甚句はきついものだ（以下略）

先に見た江戸時代後期成立の台本と同様に三箇所に「甚句」とあり、表記は、現在通用している「甚句」である。

更に、昭和期、昭和二四年（一九四九）七月二〇日上演の、四世坂東鶴蔵使用の台本（早稲田大学演劇博物館所蔵）でも、現在使用されている「甚句」である。四世坂東鶴蔵（明治二八年～昭和三二年〔一八九五～一九五七〕）は、鶴丸、薪車《しんしや》を経て、昭和一一年（一九三六）に四世坂東鶴蔵を襲名した歌舞伎役者である。

伊藤喜兵衛宅。

長兵　イヤ、どうでも伴助は越後産れゆゑ、甚句はきついものだ（以下略）

ト書きが簡略になり、長兵衛のセリフのみに「甚句」の記載が見られる。

以上、江戸時代から、小説や歌舞伎台本に記載がある「甚句」の表記を通覧してみた。古くは「甚九」ないしは「じんく」「しんく」と記していたが、明治・大正期を境に、現在通行している「甚句」という表記に変化したと考えられる。

五、なぜ「甚句」ではなく「甚九」なのか?

なぜ古くは「甚九」と表記したのであろうか。江戸時代中期に刊行された歌謡集に『ゑびやの甚九ふし』がある。表紙には「はやりおんど／ひやうごくどき／長崎《なかさき》ゑびやの甚九ふし」と記載されている(挿図②)。「甚句」ではなく、「甚九」と記されている。表紙に「長崎ゑびや」とあるように、長崎の小間物売り屋の息子で、大阪へ出て呉服商となって成功した、ゑびやの甚九(郎)の一代記を歌った叙事的な歌謡である。以下、本文を抜粋して記す。

今度長崎のえびやの甚九、親の代から小間物売りで、とんと小間物売り屋をやめて、今は大阪へ糸物だてよ(中略)荷物とゝのえ今日吉日と、帆をば巻き上げせびロつめて、周防灘めも首尾よく渡り、播磨灘めも早や打ち過ぎて、須摩や明石の名所を眺め一の谷また兵庫の沖や、甚九恋風吹きまくりつゝ行けば程なく大阪の津へ（中略）ちよつと新町遊びに行きて（中略）露にこがるゝ道芝殿と、ちよつと繋がり尽きせぬ仲よ、永き縁となりにけり、もはや甚九郎下らにやならぬ（中略）小判千両は道芝殿へ、心づけじやと甚九郎置けば（中略）

　ひらに留まりやれ道芝殿よ、やがて上りを待ち給はれと、言ふて別は名の立つにさ

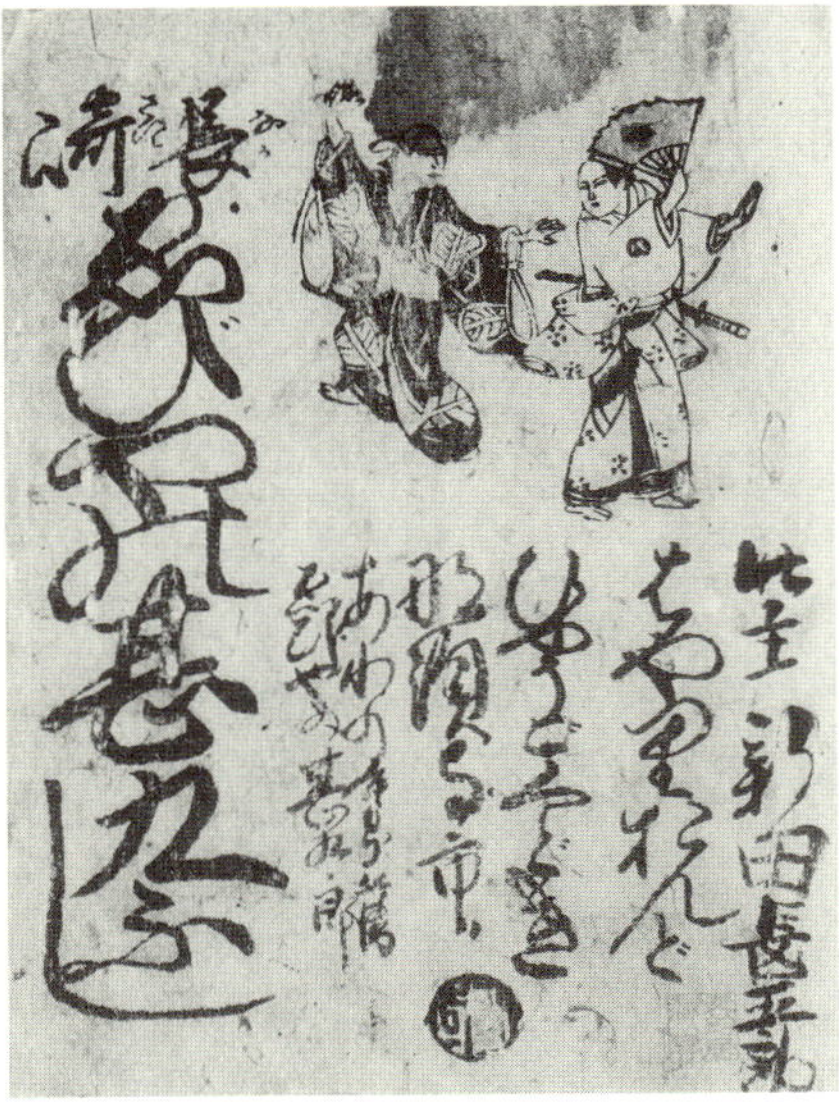

挿図②

　右のように、「甚九」ないしは「甚九郎」であって、「甚句」ではない。人名だから「句」というフレーズを表す表記が使用されるはずはな

いのである。

本章第三節に記したように、「甚」は人に関わる語、それも道楽や好色、遊里に関わる語である。長崎から大阪へ出て、商売に成功し、新町の遊女と良い仲になって、故郷長崎に戻っていく、ゑびや甚九郎の出世譚は、まさに「甚」を被せた人名に相応しいといえよう。

六、『ゑびや甚九』の流行

甚九（郎）節は、兵庫や大阪を中心に、全国に伝播した口説節《くどきぶし》・踊《おどり》口説《くどき》である。ゑびや節は元禄期（一六八八～一七〇四）に流行し、甚九（郎）節はゑびや節の影響下に成立した。代表歌『ゑびや甚九』は、かなりヒットしたようで諸種の版が残る。式亭三馬著の滑稽本『浮世風呂』三編巻之下（文化九年〔一八一二〕）を見てみよう。本文の引用は、神保五彌校注『新日本古典文学大系八六　浮世風呂・戯場粋言幕の外・大千世界楽屋探』（岩波書店、一九八九年、一八九～一九〇頁）による。

お松　そんなら御詠歌《ごえいか》を知居《しって》るだらうの

▲山出し下女　アイ。まづ一ばん知居《しって》るものが坂東《ばんどう》の御詠歌。それからじやうかよ節、いたこぶし、しようがへぶし。それから甚九。それから川崎《かはさき》ぶし。何《なん》でも知居るだ。中《なか》でも海老屋の甚九がおもしれへだ。

お松　それはなんだ

▲　今度喜代《こんどきよ》が崎《さき》海老屋の甚九さ

●　うんにやよ。何といふ節だよ。

▲　甚九のクドキといふものさ

お松　うたひなナ

▲　うたひますべい。笑はつしやるべいがどうするもんだ

（ト大きな声にて）今度喜代がさき海老屋の甚九。親の代から小間物売よ。今は小間物売りやを止《やめ》て、大坂通ひの糸物立《いとものだて》よ。（中略）綾や錦を下荷と積で（中略）白帆まき上て蟬口しめて、表上りて塩風みれば甚九恋風はや吹まくる。

周防灘をも七十五里よ。播磨灘をも三十五里よ。はるか見ゆるが津の島灘よ。（中略）甚九運が能《よ》きや夜一夜《よひとよ》で走る。おやれ嬉しや大坂へ着た。（中略）人をなぐさむ新町通ひ。（中略）わしが目につく道芝さまよ。こゝろざしよと道芝さまへ。（中略）もちとくどけば事長くなる。

女風呂で、江戸のお松らと山出し下女が当時の流行歌について話している。山出し下女とは、田舎から出てきたばかりで、都会の風俗には染まっていない女性をさす。東国方言を使っている。この女性は流行歌に詳しいようである。坂東三十三箇所巡りの際に歌う御詠歌、茨城県潮来地方をルーツとし、明和（一七六四～七二）頃から江戸で流行った潮来節《いたこぶし》、寛文（一六六一～七三）頃から流行したしょんがえ節、更には勢州《せいしゆう》川崎節（伊勢音頭）と並んで「甚九（節）」をあげている。中でも「海老屋の甚九」が面白く、口説節であると説明している。山出し下女は「もちとくどけば事長くなる」と途中で歌うことをやめるが、歌っている「海老屋の甚九」の文句は、前節で見た『ゑびやの甚九ふし』の歌詞とほぼ同文である。『ゑびやの甚九ふし』が東国の地まで伝播していたのである。

以上見てきたように、「甚」は人名に被せられる語であり、現在は「甚句」と表記されているが、本来は「甚九」であった。「甚九」ないしは「甚九郎」は、「ゑびやの甚九（郎）」で、長崎の小間物売り屋出身で、大阪で成功した人物である。「ゑびやの甚九（郎）」の出世譚は『ゑびやの甚九ふし』として、兵庫から全国に伝播し、東国の地でも盛んに歌われた。そのことは、『ゑびやの甚九ふし』と題された歌謡集が複数残ることや、式亭三馬の『浮世風呂』の記述によって裏付けることができる。

第四章で述べたように、日本を代表する人形劇である人形浄瑠璃文楽のルーツは『浄瑠璃物語』と呼ばれる浄瑠璃姫の一代記である。物語の主人公の名前が芸能の名称となった。「甚九（節）」も浄瑠璃と同様に、歌の主人公が歌謡ジャンルの名称となった。ご当地ソングのルーツはまさにこの「甚九節」だったのである。

【コラム】『浮世風呂』の甚九の「喜代が崎」

本章第六節で取り上げた『浮世風呂』で、山出し下女は「今度喜代が崎海老屋の甚九さ」と言い、歌詞の中でも「今度喜代が崎海老屋の甚九」と歌っている。なぜ「長崎」ではなく「喜代が崎」なのであろうか。この点について私見を述べておきたい。

長崎は江戸幕府の天領（直轄地）で、元亀二年（一五七一）、ポルトガルに開港以来、出島を中心に日本で唯一の外国貿易港として繁栄した。なかでも、長崎は中国の清《シン》との貿易で栄えた土地である。

『浮世風呂』の作者である式亭三馬は、清国の「清」をキヨと読み、「喜代」という字をあてたのではないかと私は考えている。神保五彌が指摘するように、式亭三馬は『浮世風呂』前編巻之上の挿絵に、『清俗紀聞《しんぞくきぶん》』の挿絵を使用しているからである（前述の『新日本古典文学大系八六』一〇頁、挿絵解説参照。挿図①②）。

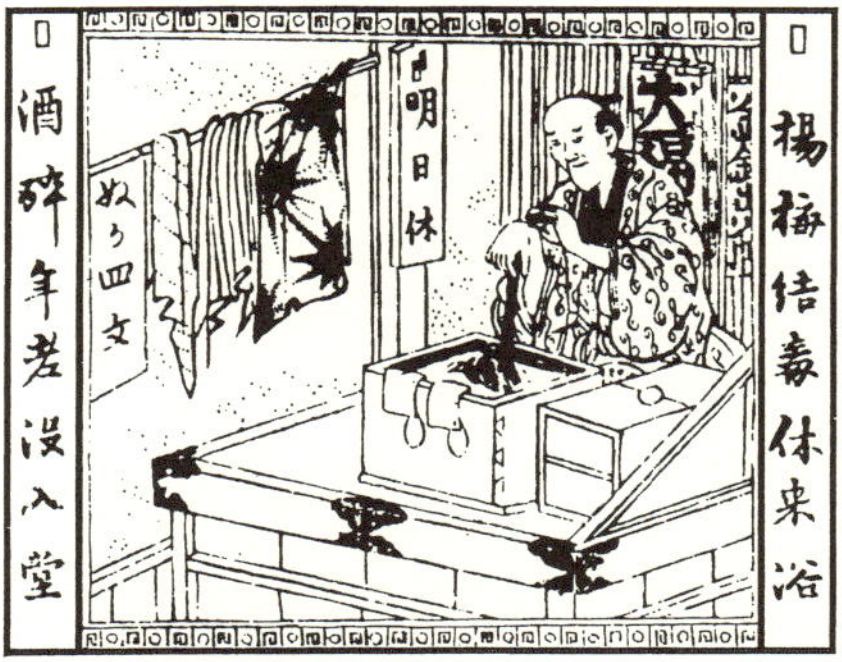

挿図①

挿図②

『清俗紀聞』（全一三巻。中川駿台〔忠英《ただてる》〕編。石川融思ほか画。寛政一一年〔一七九九〕）は、長崎奉行の中川駿台が、幕臣の近藤重蔵らに命じて編集させたものである。乾隆《けんりゅう》年間（一七三六～九五）末期の中国南部（福建、浙江、江蘇など）の風俗を絵図を交えて解説した豪華本で、絵と文がほぼ等量で、豊富な色刷りの図版を特徴とする。版元は、江戸地本《じほん》問屋・翫月堂堀野屋仁兵衛である。地本とは、戯作などの江戸の大衆本のことをさす。

『浮世風呂』の著者である式亭三馬と、『清俗紀聞』の版元である堀野屋は密接な関係にあった。堀野屋は式亭三馬の奉公先で、三馬は九歳（天明四年〔一七八四〕）から一七歳（寛政四年〔一七九二〕）まで堀野屋で養われた。寛政五年（一七九三）、三馬は一八歳で、一時期、堀野屋から独立する。寛政八年（一七九六）、二一歳の頃、三馬は蘭香堂万屋太治右衛門の婿養子となるが、先妻である万屋の娘が病没してしまう。その後、三馬は堀野屋の娘を後妻に迎え、堀野屋が『清俗紀聞』などの豪華本の出版で負債を抱えると、三馬が堀野屋一家を引き取り生活の面倒を見たのであった。

第八章　流行歌の原点は新潟にあり――江戸のヒットソング(二)

第七章で取り上げた甚句という、江戸時代のヒットソングにもう少しお付き合い願いたい。

甚句のルーツは諸説あるが、すでに述べたように、『ゑびや甚九』と題する歌謡に求めるのが妥当である。すなわち、宝永・享保（一七〇四～三六）頃から、兵庫・大阪地方で流行した踊口説「兵庫口説」の代表歌である『ゑびや甚九』が、甚九(郎)節（盆踊唄）として、瀬戸内海沿岸から日本海沿岸に広まり、次第に全国各地に及んでいったと考えられるのである。

一、『東海道中膝栗毛』四編記載の甚句

第七章で甚句の表記を考える資料として扱った『東海道中膝栗毛』四編下をもう

一度見てみよう。熱田宿で、按摩が甚句を歌う場面である（第七章挿図①参照）。この按摩が歌う甚句に注目してみたい。ここでは、読みやすいように、現代仮名遣いにし、適宜、漢字をあてることにする。

按摩　しかしまんだ、わしが甚句を、旦那方へ聴かせたい
喜多八　コリャよかろう。やらかしねへ
按摩　そのかわり、わしもほめてがなけらにゃ、張り合いがない。歌いしまったら、旦那、褒めて下さるかな
喜多八　ヲット承知〳〵
按摩　ドレやりからかそう
ト喜多八が頭《つむり》を揉みながら、拍子をとりて頭をぴしゃ〳〵
按摩　ジャヾジャン〳〵、エヽヽヽ酔うたよた〳〵五勺の酒に、壱合飲んだらさままたよかろ（中略）やとさのせ〳〵

江戸から来た喜多八を相手に、熱田宿で、按摩が甚句を歌うことから、ご当地・名古屋生まれの甚句、すなわち、名古屋甚句であるとみなされてきた。

しかし、右の按摩が歌う甚句は、常磐津節『信田妻容影中富《しのだづますがたのなかとみ》』（寛政五年〔一七九三〕）の歌詞に「足もしどろの越後節、酔うた〳〵五勺の酒に、一合飲んだらさまなぢょであろ、せとせのせ、せつせのせ、やとさのさ」とあるように、名古屋甚句ではなく、越後甚句なのである。このことは、すでに浅野建二や中村幸彦が指摘してきたことであり、私も様々な場所で言及しているが、名古屋はもちろんのこと、まだ一般に認知されているとはいえないようである。

按摩が歌う甚句が名古屋甚句であると主張する根拠は、次の二点であろう。一つは歌われている場所が熱田であること。いま一つは按摩が話す言葉が名古屋訛りだからであろう。確かに、按摩が使っている「まんだ」や「やりからかそう」は名古屋弁である。「まんだ」は「まだ」、「やりからかそう」は「徹底的にやりましょう」「たくさん聴かせましょう」の意である。按摩は間違いなく名古屋人である。その名古屋人の按摩が、熱田の地で「徹底的にやって、たくさん聴かせましょう」と言って歌うので、名古屋甚句であるとの見解がまかり通ってきたわけである。

しかし、これは短絡的な考えであろう。熱田宿で、名古屋弁を使う、名古屋人の按摩が、得意気に歌う甚句が、名古屋甚句ではなく、越後甚句であるという事実が重要なのである。按摩の出身地や住まいと無縁な越後の甚句が歌われていることが興味深い。

二、越後甚句の広がり

弥次さんと喜多さんが、熱田で甚句を聴くよりも前、一八世紀後半頃から、越後甚句は流行っていた。幕府御徒であった新楽間叟《にいらかんそう》は、寛政一一年（一七九九）に「甚九は、（これは江戸にても、歌ひ、又は踊るなり。角力取覚へて伝へし也）新潟のもの也、外《ほか》の所にて歌ふ甚九は大同小異にて、其声音決して新潟の如く出来ぬ也」（『間叟雑録』）と記している。甚句といえば越後、新潟の専売特許であり、江戸の地にも伝わり、歌って踊られている。その伝播の担い手はお相撲さんであった。越後甚句の伝播と、相撲界が密接な関係にあることがわかる。相撲甚句の成立を考える上で注目されよう。間叟は、他の地域でも甚句は歌われるが、似たり寄ったりで、新潟にはかなわないと言っている。越後甚句は、全国で特筆すべきご当地ソングであった。

『東海道中膝栗毛』四編と同じ文化二年（一八〇五）に出版された、感和亭鬼武《かんわていおにたけ》（宝暦一〇年～文化一五年〔一七六〇～一八一八〕）の滑稽本『旧観帖《きゆうかんちよう》』初編第一回には、「越後の人」が「ヤ国〳〵でいろ〳〵の唄もあるともわしらが国のおけさ、松坂、甚句などは、よくどこの国でも人がやるとも、越後者のやうには出来ぬことんし」と述べる場面がある。感和亭鬼武は、御三卿の一橋家に仕える家臣で、勘定方（会計担当の役人）のかたわら山東京伝の弟子を自称した戯作者である。東奥桑折《こおり》（現、福島県）に代官手付として赴任するなど、地方の事情に詳しい人物であった。

演劇の世界ではどうであろうか。文化八年（一八一一）に初演された長唄の『越後獅子』では、「甚句もおけさ節、何たら愚痴だへ、牡丹は持たねど越後の獅子は、おのが姿を見て、そこなおけさに異なこと言われ」と歌われている。

第七章で扱った、歌舞伎の『東海道四谷怪談』の初演時の台本をもう一度見てみたい。ここでは、役者名だけではなく、役名も記し、本文は、読みやすいように、現代仮名遣いにし、適宜、漢字をあてて掲出する。

本舞台三間の間。伊東喜兵衛宅、座敷の体。（中略）甚九の唄にて、道具留る。ト団十郎（伊右衛門）、上座に座り、藤蔵（お弓）、後家の拵え。件の尾上（お槙）、銚子、盃、鉢肴なぞ取ちらし、善二（長兵衛）、染五郎（官蔵）、酒盛りの体。千代飛助（伴助）、甚九を踊りいる。（中略）千代飛助（伴助）、踊り転ぶ。皆々笑いに成る。

善（長兵衛）・染（官蔵）　イヤ、どうでも伴助は越後産《うまれ》ゆえ、甚九はきついものじゃ

藤蔵（お弓）　とても事に秋山様、あなたもなんぞお隠し芸を拝見致とうござりまする

善（長兵衛）　イヤ、それは迷惑。身共が芸と申しては、声色ばかりとご

宗三（喜兵衛）　ざるて
善　それは一興。声色はこれを誰を遣っしゃる
染　やはり築地が声色をサ
　　イヤモ貴公の築地も、あまり流行に遅れました。チト鉄砲洲へでも転宅さっしゃい
善　其転宅は愛宕の下ではござらぬか
染　何を言わっしゃる

酒席の場面である。余興として、中間《ちゅうげん》（雑兵）の伴助が、甚句の歌に合わせて踊りを踊っている。現行の演出では、相撲甚句であるが、秋山長兵衛と関口官蔵のセリフに「伴助は越後産」とあるように、元来、この場面では越後甚句が歌われていた。長兵衛は「甚句はきついものじゃ」と伴助の甚句を称賛している。この場合の「きつい」は素晴らしいとか、立派だという意味である。

長兵衛は、伊藤後家のお弓から芸を所望される。長兵衛は芸といっても、声色、

つまり歌舞伎役者のセリフを真似することしかできないと返答する。江戸時代も声色ものまねは、酒席における定番の余興であった。伊藤喜兵衛から、どの役者の声色を真似するのかと問われ、長兵衛は「やはり築地が声色をサ」と答えている。これは楽屋落ちで、「築地」は、長兵衛を演じている坂東善次の決まり文句である。次に、松本染五郎演じる官蔵が「貴公の築地も、あまり流行に遅れました」と言うのは、坂東善次は築地在住であり、「築地」のセリフばかりで、もう聞き飽きたと言って、観客の笑いを誘っているのである。

初代坂東善次といえば「築地」、甚句といえば「越後」であり、越後甚句が当時の人気役者と並び称されているのである。越後甚句が人口に膾炙《かいしゃ》されていたことは間違いなく、日本全国各地に伝播していたのである。

三、甚句踊り

前節の歌舞伎『東海道四谷怪談』に見られるように、越後甚句は歌われるだけではなく、踊りを伴うヒットソングであった。

水戸藩の本草学者で、藩校・弘道館教授であった佐藤成裕《しげひろ》（号は中陵。宝暦一二年〜嘉永元年〔一七六二〜一八四八〕）は、『中陵漫録《ちゅうりょうまんろく》』巻一四「踏歌」に次のように記している。『中陵漫録』一五巻（文政九年〔一八二六〕序）は、佐藤成裕が、採薬のため、東は陸奥出羽から、西は薩摩大隅に至る五七国を渉猟した際の記録である。

越後の甚九踊の如き盛なるはなし。此歌元来、長州赤間関の京屋の娘より大に盛に成たり。流行して羽州の米沢に入る。此歌を唱へざる者なし。八十余歳の老翁も厠に入りて踊り歌ふ。如レ此盛んなるに至て、官府より令下て大に禁ずと云。今に盛なるは越後の如きはなし。男女老弱相聚て足を踏て唱ひ、手を打て其節を正し声を助く。今に至て此風四方に在て、人々常に是風ありと思へり。享保の頃より往々に此風起るとなり。

越後甚句は、歌って踊るもので、性別や年齢にかかわらず、集団で、足を踏んで歌い、手をたたいて踊る芸能であると記されている。足を踏み鳴らして歌い舞う集団舞踏である「踏歌」の項目に記されていることから、佐藤成裕が「男女老弱相聚《あつまり》て足を踏て唱」う芸態に注目していたことがわかる。

『東海道中膝栗毛』の著者である十返舎一九の合巻『敵討余世波善津多《かたきうちよせばよかった》』（文化一〇年〔一八一三〕）では、作品の中に、著者の一九が登場し「俺も剣術と甚句の踊りは鬼武子に習つたものだから、すつぱりと一番やらかしてみてへところだに残念〳〵」と述べている。「鬼武子《し》」とは、本章第二節で触れた感和亭鬼武のことである。鬼武は、剣術では神道無念流（元文五年〔一七四〇〕に福井兵右衛門嘉平が江戸四谷で道場を開いた流派）の免許皆伝であった。一九は「甚句の踊り」を鬼武に習ったと言っている。一九も越後甚句を歌い、踊っていたのである。

このように、ダンスを伴う越後甚句は、文化・文政期（一八〇四〜三〇）を中心に、日本全国に伝播した。『中陵漫録』に「長州赤間関の京屋の娘より大に盛に成たり。流行して羽州の米沢に入る」「官府より令下て大に禁ず」と記されているように、東は、現在の山形県米沢から、西は山口県下関まで大ヒットとなり、お上から禁止令が出されるほどであった。越後甚句は、当時の全国区の大ヒットソングであったがゆえに、熱田宿でも名古屋人の按摩が歌い、弥次さん、喜多さんをうならせたのである。

新楽間叟が「蝦夷地へ船の通路常にありて自由也」「海船の通路よきゆへ庭石も国々より取り寄せて、しかも心安し。海船は重き荷物を喜ぶもの也」（『間叟雑録』）と記しているように、新潟が海上交通の要衝であったことが、越後甚句が全国的なヒットソングとなった大きな要因であろう。

物資だけではなく、越後のご当地ヒットソングが海路を経て、各地の港に着き、日本全国の人々に伝わっていったのである。

第九章　令和の世に生き続ける〝甚句ダンス〟——江戸のダンス(一)

偶然、ラジオを聴いていたら、ダンサーのＳＡＭが、ＮＨＫラジオ第一「すっぴん！」に出演していた。ＴＲＦのＳＡＭといえば、ダンスやＪポップに関心がある読者なら知らない人はいないだろう。先日、芸能界を引退した、歌手でダンサーの安室奈美恵と結婚していたことでも知られる。

ＳＡＭが言うには、かつて、昭和の歌謡界では、ダンサーの地位はとても低かったそうである。コンサートやテレビ番組でも、歌手の「後ろにいる、その他大勢」の人々であった。「バックダンサー」のバックは、単なる「裏方さん」を意味していたのである。「動く大道具」と呼ばれ、邪魔な時はいつでもどいてくれる存在だと思われていたそうである。「裏方さん」なので、メインの歌手に比べて待遇は悪く、食事も用意されず、お弁当を注文する際には自腹を切っていたという。

最近は、ヒップホップダンスが全盛で、子供をダンススクールに通わせる親が増え、ダンサーは子供たちの憧れの職業となっているが、これはごく最近のことらしい。ダンサーやパフォーマーが注目されるようになってきたのは昭和の終わり頃のようだ。

SAMは、自分が踊るだけではなく、TRFや、様々なアーティストの振付、コンサートやイベントのプロデュースを手がけるなど、まさにダンス界の第一人者として活躍している。最近は、ダンス教室を主宰し、これからのダンスシーンを担う若手、後進の指導にもあたっている。更に、シニア向けの健康ダンス教室やイベントを開催しているとのこと。ヒップホップやブレイクダンスなどのストリートダンスは、この令和の世では、メジャーとなり、老若男女、プロアマを問わず、現代日本社会に確たる地位を占めているのである。

さて、日本人は、最近になって、突然、ダンスへの関心を抱いたのであろうか。

第八章で取り上げた、江戸のヒットソングの越後甚句は、歌うだけではなく、ダンスを伴っていた。江戸の大ベストセラー小説『東海道中膝栗毛』の著者の十返舎一九も、感和亭鬼武も、越後甚句に合わせて踊っていたのである。彼らは武家出身の戯作者であってプロのダンサーではない。水戸藩の本草学者・佐藤成裕が「男女老弱相聚て」（『中陵漫録』）と記したように、〝甚句ダンス〟は、年齢や性別を問わず、誰でも参加できる、全ての人々に開かれたダンスであった。SAMが主宰する、現代の健康ダンス教室と基本的なコンセプトは同じなのである。

本章では、まず〝甚句ダンス〟の往時をしのばせる姿に注目してみよう。

一、名古屋甚句

〝甚句ダンス〟の前に、弥次・喜多道中の熱田宿で問題となっていた名古屋甚句に触れておく必要がある（第八章第一節参照）。

越後甚句の歌詞の特徴は、「やとせのせ」や「やとさのせ」という囃子詞《はやしことば》であった。名古屋甚句の囃子詞は「トコドッコイ、ドッコイショ」である。名古屋甚句の歌詞を見てみよう。引用は、正調名古屋甚句保存会のパンフレットによる。

名古屋甚句の披露（提供：正調名古屋甚句保存会）

アー、宮の熱田の二十五丁橋でエー
アー、西行法師が腰をかけ、東西南北見渡して
これほど涼しいこの宮を、誰が熱田とョーォ、
ホホ
アーアーア、名を付けたエー
トコドッコイ、ドッコイショ

アー、花の名古屋の、碁盤割はエー
アー、都に負けない京町や、竜宮浄土の魚の棚
七珍万宝詰め込みし、大黒殿の袋町
広小路から見渡せば、なかなか届かぬ鉄砲町
次第〱に末広の、家並みは続く門前町
さても名古屋のョーォ、ホホ
アーアーア、繁盛ぶりエー

トコドッコイ、ドッコイショ

これは一例であるが、名古屋甚句の大半は、囃子詞に「トコドッコイ、ドッコイショ」が使われていて、越後甚句とは異なる。

二、愛知県豊田市綾渡の盆踊

実は、名古屋近郊に、第八章で見た、『越後甚句』と『甚句踊り』の演目があるお祭りが存在している。愛知県豊田市綾渡町の平勝寺《へいしょうじ》に今も残る「綾渡《あやど》の夜念仏《よねんぶつ》と盆踊」である。平成九年（一九九七）一二月一五日に国の重要無形民俗文化財に指定された。指定理由には次のように記されている（『綾渡の夜念仏と盆踊』足助町教育委員会、一九九九年）。

綾渡の夜念仏と盆踊は、地域の人々が行列を作って歩きながら、また、所定の場所で立ち止まり行われる、鉦を打ちながら念仏を唱和する夜念仏と、それに続いて行われる三味線や太鼓などの楽器を使わない歌だけによる盆踊である。その始まりは明確ではないが、遅くとも江戸時代から伝承されていると考えられる。（中略）夜念仏が終わると、寺の境内で、女性や子供も加わり輪になって盆踊が行われる。伴奏楽器は何もないが、人々の下駄が地面をける音が軽やかな伴奏になっている。盆に先祖供養などのために行われる念仏踊や盆踊は、太鼓を打ちながら激しく踊ったり、三味線や太鼓などにあわせ華やかに踊るなど、全国各地で多様に展開しているが、綾渡の夜念仏と盆踊は、盆に行われる芸能の古風な姿を窺わせ、芸能の変遷の過程と地域的特色を示すものとして特に重要である。

右の指定理由に記されているように、綾渡の盆踊は、三味線や太鼓などの伴奏楽器を伴わず、下駄を蹴り踏む音、つまり足の動作と、手をたたくことによって拍子をとる、古風な芸態を残している。

男性だけではなく、女性や子供も加わって一緒に踊るのである。佐藤成裕が「男

綾渡の盆踊（提供：豊田市史資料調査会・粕谷亜矢子氏）

女老弱相聚て足を踏て唱ひ、手を打て其節を正し声を助く」（第八章第三節）と記した踊り方を髣髴《ほうふつ》とさせる芸態が、現在も、綾渡の盆踊に残っているのである。

その綾渡の盆踊の構成は次のようになっている。

一、越後甚句
一、御嶽扇子踊り
一、高い山
一、娘づくし
一、東京踊り
一、ヨサコイ節
一、十六踊り
一、御嶽手踊り
一、笠づくし
一、甚句踊り（足助綾渡踊り）

右のように、現在、一〇種類の演目が、歌われ踊られている。第八章で詳しく述べた、『越後甚句』ではじまり、『甚句踊り』で終わることが注目されよう。綾渡の盆踊の演目のうち、『甚句踊り』の歌詞を記そう。

セー、綾渡踊りは板の間で踊れ、板の小拍子で、ノオサ三味ゃいらぬ
トコドッコイ、ドッコイショ
セー、踊れ若衆今年の盆にゃ、寺のお庭のノオサ揺るぐまで
セー、綾渡踊りはせつない踊り、腹のややちゃをノオサもみさげる
セー、踊りゃまいかや今年の盆にゃ、腹にゃ子はなしノオサ楽楽と
セー、ままになるなら竹どよかけて、水で便りがノオサ知らせたい
セー、お前そんなに酒ばか飲んで、わしにゃ菰《こも》でもノオサ着せる気か
セー、寺の御門に蜂が巣をかけて、お坊さ出りゃ刺すノオサ入りゃ刺す
セー、踊れ若衆三人でも踊れ、四角三角ノオサそばのなり

セー、綾渡参りゃれ、すめみこ様の願い尊やノオサ観世音
トコドッコイ、ドッコイショ

冒頭に、綾渡の盆踊は板の間で踊るもので、足で板を蹴ったり踏んだりして拍子をとる踊り方で、三味線は必要ないと歌われている。

囃子詞は「トコドッコイ、ドッコイショ」で、名古屋甚句と完全に一致している。綾渡の盆踊では、他の演目にも、「トコサードッコイサ」（『高い山』）、「トコセードッコイセ」（『東京踊り』）など、「トコドッコイ、ドッコイショ」に類似する囃子詞が使われている。

綾渡の盆踊は、『越後甚句』ではじまり、『甚句踊り』で締めくくる構成をとる。構成だけではなく、踊り方においても古風な芸態を残している。演目の名称、囃子詞、芸態からみて、愛知県豊田市綾渡地域に残る盆踊は、越後甚句や名古屋甚句と密接な関係にあることは明らかであろう。

越後甚句と名古屋甚句の影響が、三河の綾渡という集落に見られることは注目に

値する。綾渡地域は、平成一七年（二〇〇五）四月一日の合併によって、愛知県豊田市綾渡町になったが、それ以前は、愛知県東加茂郡足助町大字綾渡であった。

足助は、足助街道、美濃街道、鳳来寺街道、伊那街道が通る交通の要衝である。戦国時代には、この地をめぐり、徳川・今川・武田の争奪戦が繰り広げられた。江戸時代に入り、幕府直轄の天領地となり、城下町、宿場町として栄えた。仏教思想家で、仮名草子作者の鈴木正三《しょうさん》（天正七年〜明暦元年〔一五七九〜一六五五〕）を生んだ土地としても知られている。

街道筋という足助の立地条件からみて、綾渡集落に、各地で歌われた民謡、俗謡、俚謡などの歌謡、その歌謡に伴って踊られた踊りが、自然と流入し、集積して、現在に残ったのであろう。

我々は、毎年、八月初旬に、愛知県豊田市綾渡という、標高五〇〇メートルの、静かな小さい集落で、江戸のヒットソングとダンスの往時の姿に触れることができる。江戸の民衆と一緒に歌い、踊るひと時が、平成から令和と元号が代わったこの世にも現存しているのである。

第一〇章　〝下駄ダンス〟、現代ダンスシーンの原点——江戸のダンス(二)

江戸のヒットソングである甚句は、ただ歌うだけではなく、歌に合わせて踊る〝甚句ダンス〟の世界であった。甚句は、江戸のダンスミュージックなのである。

このヒットソングとダンスの世界が、江戸時代で終わらず、かつての三河、現在の愛知県豊田市の山間部で、今でも夏の風物詩として行われていて、江戸のダンスを毎年愉しむことができることは第九章で見た通りである。

綾渡の盆踊のような、歌に合わせて、履物のステップで拍子をとって踊る、いわば〝下駄ダンス〟とでもいうべき踊りは、日本の他の地方にも残っている。

一、白鳥の拝殿踊り

岐阜県郡上市白鳥《しろとり》町にも〝下駄ダンス〟が見られる。「白鳥の拝殿踊り」である。

白鳥の拝殿踊り（提供：白鳥観光協会）

平成一五年（二〇〇三）二月二〇日に、国の選択無形民俗文化財に指定された。白鳥町は、岐阜県の奥美濃地方、長良川の上流域で、福井県との県境である。白鳥踊りの歴史は一七世紀にまで遡る。一八世紀には、拝殿で夜通し踊ったという記録や、盆踊停止の書状が届いたとの記録も残ることから、その盛況ぶりが推察される。

現在でも、七月から九月にかけて、白鳥神社のほか、長滝《ちょうりゅう》白山神社、前谷《まえだに》白山神社、野添貴船神社の拝殿で踊られている。踊り手の服装は、基本的に、浴衣に下駄履きである。三味線、太鼓、笛などの楽器による伴奏はなく、下駄で神社の拝殿の板床を踏み鳴らして調子をとって踊るのである。まさに佐藤成裕が指摘した「男女老弱相聚て足を踏て唱ひ、手を打て其節を正し声を助く」（第八章第三節）や、三河の綾渡の盆踊の歌詞「セー、綾渡踊りは板の間で踊れ、板の小拍子で、ノオサ三味ゃいらぬ」などの芸態と同種のダンスである（第九章第二節）。現在、綾渡の盆踊は平勝寺の庭で行っているが、かつては寺の屋内で、板を踏み鳴らして踊っていたのであろう。

白鳥では、踊り手の中から歌い出す人が出てきて音頭をとりながら踊る。これが「音頭取り」である。他の踊り手たちは、この音頭取りに合わせて、囃子詞や歌詞を発しながら踊る。音頭取りに合わせて、一同が歌いながら踊るので、「音頭一同形式」である。白鳥踊りの歌詞を二曲ほど見てみよう。

1『ドッコイサ』（神代《じんだい》）

アードッコイサノドッコイサ

ア踊り子様よ、ちょいと出ましてソーリャ、アードッコイサノドッコイサ（中略）
アやぐらの上で、音頭取るとはソーリャ、アードッコイサノドッコイサ（以下略）
2『エッサッサ』（世栄《よざかえ》）
ア、ドッコイドッコイドッコイサ、ドッコイサでドッコイショイ
アリャサ、ここに過ぎにしその物語、アドッコイショイ

「ドッコイサ」や「ドッコイショイ」など、名古屋甚句や綾渡の盆踊の囃子詞の「トコドッコイ、ドッコイショ」と似たフレーズが使用されている。尾張、三河、奥美濃と近接した地域に伝わっていることから、密接な影響関係があると思われる。

前述したように、白鳥踊りは「音頭一同形式」である。歌い手である音頭取りが、踊り手の中から出てくる、すなわち、踊り手が歌い手を兼ねているのである。「アリャサ誰かどなたか息継ぎを頼むドウジャイナ息継ぎを頼む」（『エッサッサ』）とワンコーラスの最後にあるように、歌い手が交代することもしばしばである。実際は、歌に自信がある踊り手が歌うのであるが、基本的には、踊り手の誰もが歌う権利を

持っている。

これに対して、第九章で見た綾渡の盆踊は、歌い手は歌を専門に歌い、踊らない。歌い手と踊り手が別人である。歌い手が踊り手から独立している形である。これを仮に「音頭独立形式」と呼ぼう。

二、盆踊のダンス様式

盂蘭盆《うらぼん》を中心に、老若男女によって、寺社の庭や町の広場などで踊られる盆踊は日本各地に見られる。まさに夏の風物詩である。

盆踊の踊り方は、大きく二種類に分けられる。一つは行進式であり、もう一つは輪舞式である。前者は、誰でも知っている阿波踊りや、越中八尾《えっちゅうやつお》（富山県）の「おわら風の盆」が典型的である。後者は、回旋式、ロンド式と言ってもよい。輪になって踊る形式である。たいていは、中央に櫓や、それに類するものを据えて、その周囲を回りながら踊る。

綾渡の盆踊も、白鳥の拝殿踊りも輪舞形式である。白鳥のような「音頭一同形式」もあれば、綾渡のような「音頭独立形式」など、様々な形態で、歌い、踊られる。

三、〝下駄ダンス〟と現代アーティスト

盆踊のような集団舞踊は、現代の人気アイドルグループに通じるものがある。皆で歌うだけではなく、必ずダンスを伴うのである。TRFやAAA《トリプルエー》のような男女混合グループもあれば、女性もしくは男性のみのグループもある。

AKB48、乃木坂46、ハロプロのこぶしファクトリーや、つばきファクトリーなどの女性グループは、音頭一同形式の発展形といえるだろう。皆で歌い踊っているが、センターをとる音頭取りは必ずいるのである。また、センターをつとめるのは、必ずしもグループのリーダーとは限らない。楽曲によりセンターが変わることも普通である。白鳥踊りの曲の終わりには「音頭取り目が取りくたぶれて、息も続かずに声も枯れました。ここらあたりでネ、品かえて、ぼちぼちやろまいか」(『さのさ』)などのフレーズがある。曲ごとに、センターをつとめる音頭取りが別人にな

っていく姿が見て取れる。

これに対して、音頭独立形式の現代版は、TRFやEXILEである。TRFを例にとれば、リーダーでサウンドクリエーターのDJ KOOがまとめ役である。ボーカルは一人で、YU-KIである。ダンサーは、SAM、CHIHARU、ETSUの三人である。ボーカリストも多少踊るし、ダンサーもコーラスをするが、ダンサーがボーカルを兼務しているわけではないので、基本的に音頭独立形式とみてよいだろう。

EXILEの場合は、TRFよりも音頭取りの独立性が顕著である。ATSUSHIとTAKAHIROのボーカルユニットと、パフォーマーと呼ばれるダンサー集団が合体して、一つのアーティスト集団を形成している。現在、ボーカル二人にダンサー一七名、歌手とダンシングチーム一体グループがEXILEである。ATSUSHIとTAKAHIROはボーカルに専念し、ダンスはパフォーマーの専売特許である。音頭独立形式そのものなのである。

ダンスといえば、かつてはディスコ、今はクラブであろう。クラブと聞いて、学校の部活動や、銀座や赤坂などの高級サロンを思い浮かべないようにしていただきたい。部活や高級サロンのクラブはクラブと、クにアクセントがくる。平板アクセントか、「ク」より「ラブ」を心持ち上げて発音するクラブでは、ＤＪのパフォーマンスに合わせてみんなが踊る。まさに、音頭独立形式の現代版盆踊である。

ＤＪ ＳＵＭＩＲＯＣＫ（スミロック）をご存じであろうか？ 御年八四歳、何を隠そう、国内外で活躍する、正真正銘の現役クラブＤＪなのである。実は、都内某所にある、知る人ぞ知る餃子の名店の店主でもある。恩師の行きつけであることから、私もよくお供をした。懐かしいお店である。

大阪では、元高校の先生が、平成二八年（二〇一六）一一月にクラブＤＪとしてデビューを果たしている（『毎日新聞』、平成二八年〔二〇一六〕一〇月四日）。ＤＪ ＯＺＩＣＩＩ（オジッチ）当時六八歳、今や古稀を迎えたシニアである。

ＤＪスクールにはシニアコースが設けられ、定年後に通うシニア世代が増えているとか。ＳＵＭＩＲＯＣＫやＯＺＩＣＩＩだけではなく、全国のクラブで、シニア

ＤＪが活躍する日も遠くないのではあるまいか。第六章で述べたように、江戸時代も現代も、老いてもなお健在！　シニア世代は大活躍しているのである（第六章第三節参照）。

世のおじ様、おば様たち！　クラブなんて、どうせ若い人が行くところで、自分たちには関係ないなどと思うなかれ！　盆踊と同様に、老若男女、誰にでも開かれた自由な空間なのである。クラブは若者だけの遊び場ではない。若者と、オジサン、オバサン、オジイサン、オバアサンもコラボできるのがクラブシーンである。現代の都会の片隅にも、年齢性別を問わず、レッツダンシング！　の世界が生きているのである。

第一一章　下駄がおしゃれの最前線!──江戸のおしゃれ(一)

第九章と第一〇章であつかった〝下駄ダンス〟。その原点は新潟の〝甚句ダンス〟であった。現在、新潟市では「にいがた総おどり」という一大イベントを二〇年ほど前から、毎年九月に開催している。その中で「新潟下駄総踊り」が披露されている。三〇〇年前の盆踊の復活だそうだ。街中を、様々な団体が、趣向をこらした衣裳で、激しく踊りまくりながら行進する。今から三〇〇年前といえば、江戸時代の享保年間(一七一六〜三六)頃である。その頃から現在の芸態であったかどうかはわからないが、〝下駄ダンス〟が〝甚句ダンス〟発祥の地で、令和の世にも見られることは興味深い。

現代アーティストも参加し、新潟以外の地域の人々の参加もネットなどで募集している。また、〝下駄ダンス〟の講習会や講師派遣を行って、〝下駄ダンス〟の普及、全国展開につとめている。「わしらが国〈越後国〉の〈中略〉甚句などは、よくどこの国でも人がやるとも」〈感和亭鬼武『旧観帖』初編第一回。文化二年〔一八〇五〕。第八章第二節参照〉の世界が現代でも生きているのである。

新潟人の〝下駄ダンス〟DNAには驚嘆する。郷土芸能にとどまっていない点が興味深いのである。全国のどこの人でも、少し練習すれば踊れるようになる庶民ダンスの精神は、当然、ヒップホップやブレイクダンスなどのストリートダンスに通じる。新潟では、かつては橋げたを下駄で打ち鳴らして踊っていたというから、まさにストリートダンスである。

現代のタップダンスともいえる〝下駄ダンス〟は、下駄という履物を使用する。草履では地面を踏んでも蹴っても、インパクトがある音が出ないからであろうか。なぜ、江戸のタップダンスには下駄が必要であったのか。本章では、江戸時代の下駄文化をのぞいてみることにする。

一、下駄の発達

下駄は大別すると、差歯《さしば》型と連歯型の二種類がある。下駄の台と歯が一体であるか否かの違いである。差歯とは、下駄の歯のことで、下駄の台に歯を差して使うのが差歯下駄である。それに対して、台と歯が一体なのが連歯下駄で、駒下駄はその代表格である。

江戸時代、町人文化の発展により、下駄は多くの種類が作られ、広まっていく。漆を塗ったもの、表付きのもの、ビロードや革張りのものなどである。

二、「男女塗り下駄禁止令」発令！

そんな下駄文化にストップがかかる。寛延三年（一七五〇）の「男女塗り下駄禁止令」である。華美なファッションシューズを履くことはダメという、お上のお達しである。漆を塗った下駄が禁止なのだから、ファッショナブルな履物を履いて、おしゃれがしたくて仕方がない人たちにとっては、自由を制限されたわけで、堪《たま》っ

挿図①

たものではなかったであろう。

しかし、社会的に見れば、贅沢な下駄の着用が禁止されるほど、江戸の民衆が豊かになっていたことを示しているといえる。性別にかかわらず、下駄をおしゃれアイテムとして楽しむ文化が誕生していた。

実際、ダメと言われても、下駄への執着はなくならなかった。次の絵をご覧いただきたい。北尾重政画『絵本世都《よつ》の時《とき》』の絵である（挿図①）。右から二番目の縁側に腰掛けている女性の足元に注目してほしい。塗り下駄を履いていることがおわかりになるだろう。『絵本世都の時』は安永四年（一七七五）に刊行されている。塗り下駄禁止令が発令されてから四半世紀が経っている。禁止令の効果は一時的にはあったであろうが、江戸の人々が塗り下駄を捨てることはなかった。西城秀樹のヒット曲の歌詞「やめろと言われても、今では遅すぎた」(『激しい恋』一九七四年)ではないが、お上がストップをかけても、もはや遅きに失していたのである。人々のおしゃれ願望をおさえこむことができる状況ではなかったのである。

漆塗りのファッション下駄は買い手がなければ生産されない。売れない製品を作る生産者はいない。経済は需要と供給の関係で成り立っているのである。一八世紀半ばには、江戸の民衆の中に、我々現代人と同じように、足元のおしゃれにまで関心を持ち、気を配ることができる人たちがいた。そこまで消費文化が進み、余裕がある生活を送ることが可能な人々が出現していたのである。

さらに、次の二枚の絵をご覧いただきたい。曲亭馬琴作の黄表紙『養得茹名《かいえたりにわこめい》鳥《ちょう》図《ず》会《え》』(享和二年〔一八〇二〕)と、山東京伝(北尾政演)作画の黄表紙『四時交《しきのゆき》加《かい》』(寛政一〇年〔一七九八〕)の挿絵である(挿図②③)。一八〇〇年前後の江戸(東京)市中では、このような、荷商いの下駄売り業者が歩いていた。買い手がお店ま

挿図②

挿図③

で出かけていく必要はなかった。下駄はそれだけ需要があったのである。江戸のおしゃれ用品は着物だけではない。下駄は民衆のファッションアイテムとしての地位をしっかり占めていたのである。

三、江戸の足元事情

さて、足元の話題を続けたい。まず、二枚の絵を見ていただきたい。二枚とも、江戸時代の江戸日本橋の様子を描いている。

一枚目は、一七世紀後半の日本橋北詰の情景である。延宝五年（一六七七）に出版された江戸の案内記『江戸《えど》雀《すずめ》』の挿絵である（挿図④）。絵師は菱川師宣《ひしかわもろのぶ》（元禄七年〔一六九四〕

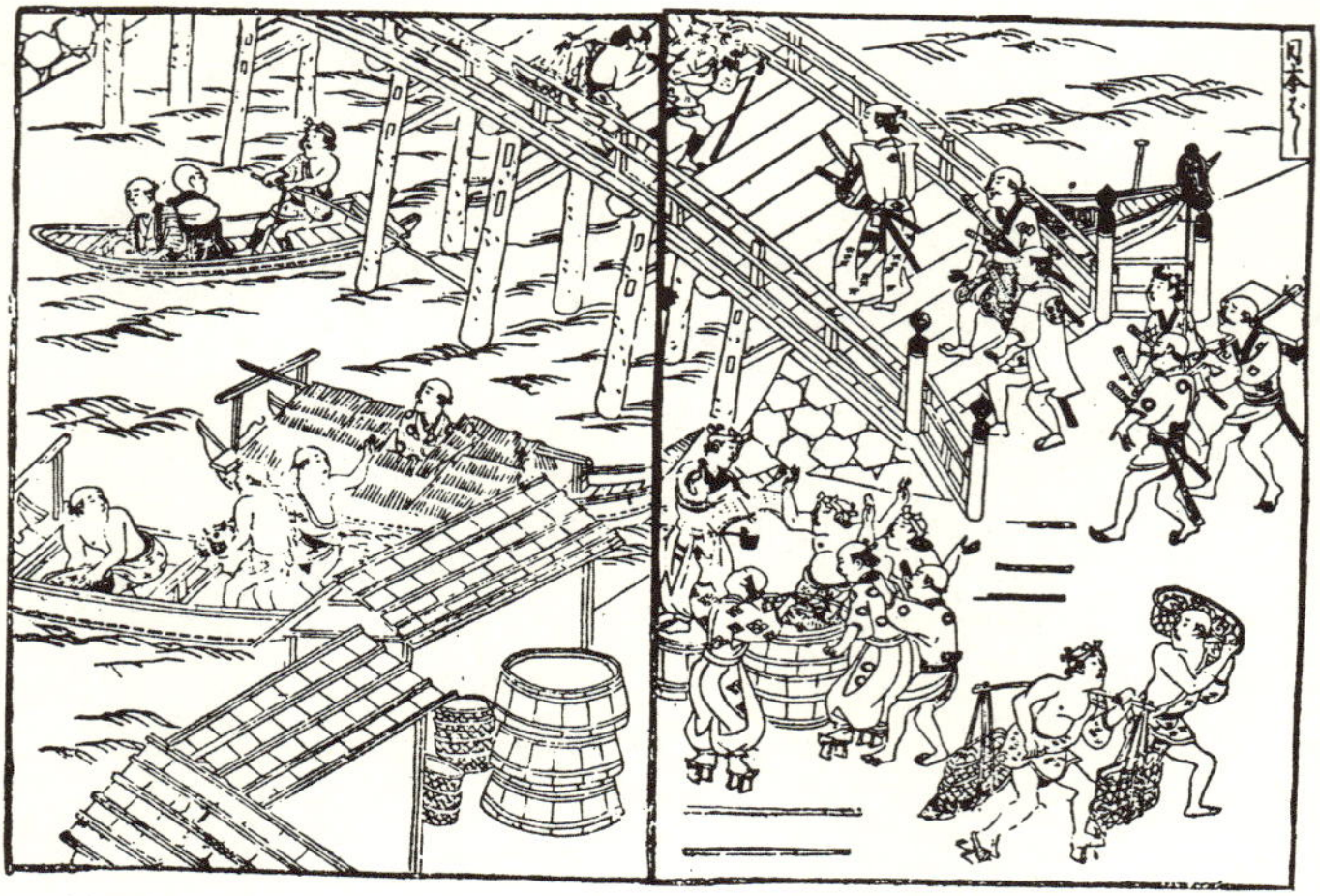

挿図④

没）である。人々の足元を見ていただきたい。下駄を履いている人がいる一方で、裸足の人たちがいることにお気づきであろうか。まず、右側中央部に、橋を渡っている武家の行列が描かれている。最後尾の二人が裸足であることに注目してほしい。二人とも撥鬢《ばちびん》といって、三味線の撥先形の髪型をして鎌髭を生やし、右側の男は挟み箱をかついでいる。典型的な奴姿《やっこすがた》である。二人は武家の奴僕《ぬぼく》（しもべ）なのである。二人の奴の下方にも裸足の人がいる。荷物を担いで後ろを向いている男性であ

挿図⑤

る。この人は船荷で到着した魚を運ぶ魚屋さんであろうか。

もう一枚は、その約一〇〇年後、一八世紀後半の日本橋の魚問屋街の光景である（挿図⑤。黄表紙『江戸大じまん』。安永八年〔一七七九〕）。足駄や草履を履いている人もいるが、裸足の人が描かれている。右下の人は魚が入った籠を左手に持って歩いている。買い付けた魚であろう。左下の人は、手鉤《てかぎ》を右手に持ち魚を売っている。

更に、もう一枚の絵をご覧いただきたい。北尾政美が描き、天明元年

挿図⑥

（一七八一）に刊行された黄表紙『山本《やまもと》喜内《きない》てんぐ噺《ばなし》』中の絵である（挿図⑥）。この絵も一八世紀後半の江戸市中の様子である。一番左の男性の足元に注目してもらいたい。裸足である。後ろ向きであるが、撥鬢で着物の裾をからげている。

　挿図⑥の画中の文字に注目してみよう。読みやすいように、適宜、漢字をあて、句読点を打つことにする。まず、右側の女性が「入りなんし、もんし〳〵」と言っている。夜の商売女・夜鷹《よたか》の言葉である。岡場所と呼ばれる私娼街の一角の図で、中央の女性が「もし、お屋敷様。銭が廿三文しかございませぬ。もふ一文よこさっしゃいませ」と言っている。

夜鷹との遊び代は二四文と決まっていて、その料金が足りないので請求している。これに対して、裸足の男性客が「足りないでも、もふ一文も出さないといふ奴《やっこ》様だ。よく見覚へておけ」と返答している。

自分で公言しているように、この裸足の男は奴である。挿図④に描かれた、一七世紀後半の日本橋にいた奴と同じである。奴は店先で支払いのやりとりをしている。夜鷹の客引きをする妓夫《ぎゅう》と夜鷹は履物を履いているが、客の奴は裸足である。奴は料金を請求されているが「料金が足らなくても払わない奴様だ！」と威張っている。奴は下級の武士である。右の二人は身分が低い町人ながら履物を着用しているのに対して、雇われ身分で正式な武士とは言い難い奴が裸足で、権威を振りかざして料金不足を正当化しようとしているところが何とも滑稽である。

一七世紀後半、その約一〇〇年後の一八世紀後半も、江戸の街なかを履物を履かずに裸足で歩く人々がいた。奴や魚売り業者たちにとっては、職業柄、裸足の方が活動しやすかったのかもしれない。江戸時代の人たちが全て、日常的に履物を着用していたわけではない。履物は必ずしも生活必需品であったわけではないのである。

挿図⑦

　もう一図見てもらいたい。黄表紙『御存《ごぞんじ》之《の》化物《ばけもの》』（寛政四年〔一七九二〕）中の絵である（挿図⑦）。雪の日の光景である。男性は高足駄、つまり高下駄を履いている。歯の長さが高くなくては足元が悪い雪道を歩くことが難しいからである。

　このように、下駄は、天候や、仕事や作業などの用途に応じて履き分けたのである。ファッションアイテムであると同時に、下駄の生活道具としての側面を忘れてはいけないだろう。

四、裸足禁止令

　前節で見たように、江戸時代後半には、屋外でも裸足で生活している人たちがいた。日本人が外出時に、履物を履くという習慣が出来たのはいつ頃なのであろうか。実は、はるか後年なのである。前節の挿図⑥の遊女屋の店先の奴の裸足姿が天明元年（一七八一）である。ここから一〇〇年後はもう明治であるが、まだまだ履物の着用が習慣となる日は遠かったようである。

明治三四年（一九〇一）五月二九日、警視庁は東京市内に裸足禁止令を発令する。警視庁令第四一号「跣足《せんそく》禁止令」である。「跣足」とは裸足、素足のことである。発令直後、明治三四年五月三一日付の『毎日新聞』の記事を見てみよう。

跣足禁止令は予記の如く、一昨日、警視庁令第四一号を以て左の通り発布せられたり。ペスト予防の為め、東京市内に於ては住屋内を除く外、跣足にて歩行するを禁ず。本令に違背したる者は刑法第四百廿六条第四号により、拘留又は科料に処す。右理由は勿論主としてペスト菌の侵入を防ぐにあれど、また風俗取締の上に於ても十分此必要あるが為めにて、庁令発布と同時に車力、人力車夫、馬丁其他職工等の労働者に対し、特に注意を与ふる筈なりと。

右の記事に記されているように、伝染病であるペストの予防が第一目的の法令であったが、「風俗取締の上に於ても十分此必要」と記されている。裸足で歩くことが風俗取締の対象となっている。近代国家としては、裸足、素足は、肌が露出しているので、風俗上よろしくないとの見解であろうか。

裸足の風紀上の善悪はともかく、要は、右の法律により、二〇世紀に入っても、日本人が裸足で外出していた事実が判明するのである。「車力、人力車夫、馬丁其他職工等の労働者に対し」とある。車力は、大八車などをひいて荷物を運搬する人をさす。人力車夫は、人力車をひく人で、車引きや車屋とも呼ばれた。人力車は明治になって発明された乗り物である。馬丁は馬子、馬追、馬方のことである。馬をひいて荷物を運ぶ人たちである。それから職人さんなどの労働者も対象となっている。これらの職業についていた人たちには、履物を履く習慣はなく、日常的に裸足で生活していた人が多かったことがわかる。

右記事の約四か月後には、裸足外出禁止エリアが拡大しているのである。次の、明治三五年一〇月一一日付の新聞『日本』の記事を見ていただきたい。

警視庁に於ては従来跣足禁止令施行区域は市内のみに限りしが、今やペスト患者、接続地の横浜市に続々発生するの現状なるにより、其の区域を拡張し同令をして品川、内藤新宿、八王子、千住、南千住等の市街地には之を適用し、ペスト予防のため之れが励行を為す筈。

裸足で外出する人がいた地域は東京市内だけではなかったのである。明治三四、五年といえば、大正の約一〇年前である。洋靴だけではなく、下駄や草履を含め、履物を履く習慣が日本人に定着したのは、たかだかこの一〇〇年程度の話なのである。日本の履物文化の歴史は比較的浅いのである。

五、裸足文化と下駄履き

江戸時代、下駄は高級品であったようである。次の記事をご覧いただきたい。

下駄類は明治四、五年（一八七一・二）の比より、各地方にて桐の植付をなすこと流行せしかば、（明治）十二、三年（一八七九・八〇）の頃より桐沢山となり、箱類より下駄に至るまで大に下落せし（以下略）

（明治二〇年〔一八八七〕八月一八日付『朝野新聞』）

明治に入って桐を植え付けることがはやり、一〇年後ぐらいから、ようやく桐材が多くなって桐箱や桐下駄の値段が下がったと書かれている。「桐一倍　桐は斬るときは初より一倍にめをふきいだすといへり」（『諺苑』）とあるように、桐は若木のうちに元の部分を切るとかえってよく成長する木である。それゆえ、下駄や箱以外にも、嫁入り時の桐簞笥《たんす》などの家具用材木に適しているのである。

それでも木は植えても材料として使えるように成長するまで時間がかかる。右の記事は高級材木である桐の場合だが、桐以外の木材でも、ある程度育てなければ下駄にはならないであろう。下駄は、それなりの値段がするものであり、必ずしも誰もが履けたわけではないのである。

下駄はコストがかかる履物であるが、日本人にとって楽で便利な履物であったことは間違いない。明治二三年（一八九〇）五月六日付の『江戸新聞』に面白い記事が載っている。

大蔵省会計局にては、支払の金受取りの為め、人民の出頭するに一切靴の外、昇降禁止なりしが、斯くては不便なりとて、山本局長の注意に依り、此程より下駄のまゝ昇降を許せり。

明治の欧化政策により、洋靴の着用が推進された時代であるが、天下の大蔵省（現、財務省）で、局長通達で下駄での役所への出入りが許可されている。理由は靴が「不便」だからである。明治国家の高級エリート官僚が、洋靴より下駄が便利であると公言しているのである。

下駄は便利で機能的に優れた履物であった。明治になっても、中央官庁へ出向く際にも正式に許可されていたのである。現代では、庶民的でラフな履物になった下駄も、当時は、まだ外出時に着用する、特別な生活用品として、日本人に認識されていたのである。

六、〝下駄ダンス〟の下駄

日本人の生活習慣に、履物が定着したのが比較的新しいとなると、〝下駄ダンス〟の下駄はどう考えたらよいのだろうか。

現在、「新潟下駄総踊り」では、江戸時代の新潟人が橋げたを下駄で打ち鳴らして、盆踊に興じていたとの伝承にならって「小足駄」を使用している。足駄は、本章第一節で述べた差歯下駄の典型である。足駄は差歯型なので、歯がすり減れば歯を取り換えることができる。いわばカートリッジ式シューズであり、台が傷まなければ、長期間の使用に耐え得る履物であった。つまり修理しながら履き続けることができるのが足駄の特徴で、物持ちが良いのが利点である。

次の二つの絵を見てほしい（挿図⑧⑨。それぞれ『四時交加』寛政一〇年（一七九

挿図⑨

挿図⑧

八〕、『職人尽発句合』寛政九年〔一七九七〕）。挿図⑧は足駄の歯を入れている様子であり、挿図⑨は足駄を作っている職人を描いている。二図とも専門業者であろう。今でも、下駄は和装履物店で修理してくれる。履物である以上消耗品ではあるが、江戸時代、庶民にとっては大切に履き、できれば長持ちさせたい生活用品であった。

現代において靴は修理の対象である。例えば、靴の修理業者のミスターミニットは全国にチェーン展開している。それだけ需要があるということだろう。駅の構内にあり、手軽に修理をしてくれる。ミスターミニットは、ベルギーの首都ブリュッセルで、一九五七年に誕生した。デパートの一角で、買い物途中の女性のヒール直しからはじまった。下駄の歯の取り替え(歯入れ)は、ヒールや靴底の修理と同じである。生活用品を修理しながら使用する文化は、時代や洋の東西を問わないのである。

〝下駄ダンス〟の下駄が、足駄、すなわち差歯下駄なのは、ダンスをして歯がすり減れば、修理や交換ができるからであろう。駒下駄などの連歯下駄では歯が消耗してしまったら、買い替えなければならない。

江戸時代の庶民にとって、履物は特別なものだった。生活に余裕がある人には、おしゃれ用品であるが、一般庶民にとっては、仕事や生活の上で必要に迫られて着用するものであった。〝下駄ダンス〟にコストがかかる履物が使用されるはずはないのである。足駄が使用されてきたのは、草履や草鞋より音が出るからという理由もあろうが、修理や歯の交換が可能な履物であることから、比較的コストがかからなかったのではないだろうか。

〝下駄ダンス〟は、楽器を伴わず、下駄の音だけで踊ることから、素朴で庶民的であると考えられてきたが、そんな単純なものなのであろうか。日本人に履物文化が定着したのは近代以降、それもせいぜいこの一〇〇年程度のことである。そうなると、〝下駄ダンス〟を日常生活の延長と考えるのは難しいだろう。

〝下駄ダンス〟は盆踊にルーツがある。お盆のお祭りの踊りである。お祭りはハレ（晴）の場である。公けの場、公衆の面前に出る日が祭礼なのである。ケ（褻）の日常とは違う。特別な日である。特別な日には、特別な装いをするのは自然であろう。ハレの日におめかしをするのは普通である。非日常の空間に相応しいファッションをするのである。

裸足がまだ日常的であったことを考えれば、現在、タップダンスをする際に、専用のシューズを履くのと同じ感覚で、非日常の祭礼時に下駄を履いて踊ることは、むしろ自然であったのではないだろうか。

足駄だからこそタップダンスができた。地面や板などを蹴ったり踏んだりすれば、当然歯は傷む。通常の歩行よりも劣化の度合いは大きいはずである。下駄の劣化を心配して、足元を気にしていては踊るどころではないだろう。下駄が傷つくことが前提でなければ、楽しく踊れるはずはないのである。

〝下駄ダンス〟には、下駄の発達による、江戸庶民のファッション意識があった。裸足での外出が平然と行われる社会であったことを考えれば、〝下駄ダンス〟は、まさにハレの日の祭礼ファッションのお披露目の場であった。

足元にまで気を配ったおしゃれをしてお祭りに参加する。ここにもディスコやクラブシーンに出かけていく際に、勝負服や靴などのおしゃれをすることと同様の精神が見られるのである。

第一二章　足袋は憧れの高級品——江戸のおしゃれ(二)

第一一章で見たように、下駄は贅沢品であったが、足袋も高級であった。江戸時代は、現代のように、誰でもソックスを履いていたわけではなかった。履物を履くこと自体が、必ずしも一般的ではないのだから当然である。江戸のソックスである足袋は贅沢品で、おしゃれアイテムであった。

本章では、江戸時代の足元おしゃれグッズの足袋の世界をのぞいてみよう。

一、足袋屋の店先

まず、一枚の絵を見ていただきたい。安永九年(一七八〇)に出版された、山東京伝(北尾政演)作画の黄表紙『笑語於臍茶《おかしばなしおへそのちゃ》』である(挿図①)。

左上に足の形をした看板がかかっている。大きく「足袋」と書かれている。足袋

挿図①

屋の店先である。足袋屋の看板は皆足の形をしていた。看板に「（あ）つらへ次第」とあるように、足袋は「誂え物」、つまり注文品（オーダーメイド）であった。人の足のサイズは左右で異なる。自分の足のサイズにフィットした足袋を誂えてもらうのであった。注文製作なのだから高級品である。

また、次の絵を見ていただきたい。曲亭馬琴作で、絵は北尾重政と推定されている黄表紙『安倍清兵衛《あべのせいべえ》一代八卦《いちだいはつけ》』（寛政九年〔一七九七〕）である（挿図②）。この絵の左上にも足形の看板が描かれている。これも足袋屋の店先である。看板には「誂向　しな〳〵（品々）」と書かれている。現代でも「お誂え向き」という言葉は使用されている。「まるで、注文して作ったように、お客様のおみ足にフィットする足袋を、数々、品々取り揃えています」と看板にうたっている。注文製作だけではなく、既製品も多くあり、客は自分のサイズにあった足袋を足袋屋の店先で選んで購入したのであった。人間の足の大きさは左右で異なる。右と左で別々に販売していたのである。足袋の寸法は「文《もん》」が単位である。一文銭（永楽通宝）が何枚並ぶかで測定した。一文銭の直径は約二・四センチ。往年のプロレスラー、ジャイアント馬場の必殺技「十六文キック」の「十六文」は足袋のサイズに由来するのである。

挿図②

　この絵では、店先に腰掛けた客に、足袋屋は手にいくつもの足袋を持って示している。客は右足を差し出して次のように話している。「へコレあしを見てくれ〳〵と言ってはどうか。介六の白酒売りのようだ」。介六は歌舞伎の『助《すけ》六所縁江戸桜《ろくゆかりのえどざくら》』（以下『助六』と略記）のことである。足のサイズを見てもらうために、右足を足袋屋に差し出しているのであるが、その仕草が『助六』に登場する白酒売りに似ているというのである。

二、足袋は高級品

『助六』の白酒売りの十郎は足袋を履いているが、江戸時代、歌舞伎を観ている観客の全てが足袋を履いていたわけではなかった。足袋を履いていた観客はむしろ少なかったと思われるのである。明治一二年（一八七九）三月二〇日の『東京新聞』の記事を見てみよう。

角海老の濃紫《こむらさき》金瓶大黒《きんぺいだいこく》の静江、彦太楼の長尾、稲本楼の司等、その他とも当時吉原ではマア足袋を穿てゐやうといふ娼妓達が都合十一人、続々と一昨日三課へ呼出されたので、一番妟らが役得と（以下略）

挿図③

角海老、彦太楼、稲本楼は、すべて吉原の遊郭である。それらの娼妓、つまり遊女が足袋を穿《は》いていると記されている。おしゃれをして高級感を出しているのである。江戸時代においては、遊女は冬でも足袋を履かないのが常であった。

次の絵をご覧いただきたい。『青《せい》楼《ろう》年《ねん》中《ちゆう》行《ぎよう》事《じ》』（享和四年〔一八〇四〕）の挿絵で、作者は十返舎一九、絵師は喜多川歌麿（宝暦三年～文化三年〔一七五三～一八〇六〕）である（挿図③）。「内覧はな見之図」で、お花見の季節に酔っ払って鬼ごっこをしている吉原遊郭内の光景が描かれている。遊女たちが基本的に裸足であることがおわかりになるであろう。

挿図③には「火の要慎（用心）」の貼り紙が貼られている。「歩きタバコ禁止」（第二章第一節）で触れたように、江戸時代は火災が多かった。映画「吉原炎上」（監督・五社英雄。主演・名取裕子。昭和六二年〔一九八七〕。東映）の時代設定は明治時代の終わりであるが、江戸時代も同様であったのである。

第一三章　個食が普通な江戸の食卓——〝一家団欒〟は創られた伝統

『孤独のグルメ』というテレビ東京制作のドラマがある。俳優の松重豊が演じる井之頭《いのがしら》五郎が、仕事の合間に立ち寄った飲食店で食事をするグルメドラマである。大晦日に紅白歌合戦の裏番組として放映されているのでご存じの方も多いであろう。原作は久住昌之のマンガである。下戸の主人公がお腹をすかせて大衆的な飲食店で一人で食事を楽しむ姿と、その感動や感激を表すモノローグ（独白）が面白く評判は上々である。平成二四年（二〇一二）の放送開始から毎年連続して新作が放映され続けている。

日本人は和を尊重し、食事は一家団欒の場、すなわち家族みんなで食卓を囲むのが昔からの伝統であると信じられてきた。しかし、これは『寺内貫太郎一家』や『時間ですよ』に代表される一九六〇～七〇年代、すなわち高度経済成長期のホー

挿図①

ムドラマなどの影響によるところが大きいと思われる。

本章では、江戸時代の家庭の食卓風景がどのようなものであったかをのぞいてみることにしたい。

一、お膳

まず一枚の絵をご覧いただきたい。黄表紙『教訓《きょうくん》不仕候《つかまつらずそうろう》』（市場通笑作。勝川春英画。天明三年（一七八三））の挿絵である（挿図①）。右側の男性が一人で食事をしている。一家の主人であろう。中央上部に描かれているのが母親か姑で、もう一人の女性は妻であろう。主人は

「たくあんハ／いやだぞ」「きのふの／さかなが／あろふ」と言っている。テレビドラマ「必殺仕事人」の藤田まこと演ずる中村主水《もんど》のようにお婿さんなのかもしれない。それはともかくとして、一家の主人、大黒柱が一人で食事をしていることに注目していただきたい。江戸時代の食事は家族の各人が一人一人自分のお膳で食事を摂るのが普通であった。個食が基本的なライフスタイルであった。

この主人のお膳は足が四つで黒塗りであるから宗和膳《そうわぜん》であろう。江戸時代初期の茶人・金森宗和《かなもりそうわ》（天正一二年～明暦二年〔一五八四～一六五六〕）が好んだことに由来するとされる宗和膳は、もともと茶会席用であるが、民間で本膳としても使用された。

もう一枚の絵を見ていただきたい。黄表紙『書集千鳥蝶《かきあつめちどりのちょうちょう》』（恋川ゆき町作。北尾政美画。寛政元年〔一七八九〕）の挿絵である（挿図②）。男性が一人でお膳で食事をしている。やはり個食である。お膳の左脇に急須が描かれている。食べているのはお茶漬けであろうか。

更にもう一枚の絵を見ていただきたい。黄表紙『御喰争《みくらいあらそい》』（天明七年〔一七八

挿図②

七〕）の挿絵である（挿図③）。作者は桜川杜芳、絵師は挿図②と同じ北尾政美である。挿図③の男性は蕎麦を食べている。前にはお膳があり、これまた個食である。

個食は男性に限ったことではない。また絵を見てほしい。黄表紙『児訓影絵喩《じくんかげえのたとえ》』（寛政一〇年〔一七九八〕）の挿絵である（挿図④）。作者は山東京伝、絵師は鳥居清長である。左の女性はお姑さんであろうか。そうなると右側の女性はお嫁さんであろう。赤ちゃんを背負い、更にもう一人の子供の世話をしながら姑の給仕をしている。姑は自分のお膳で一人で食べている。個食である。

日本の家族が一家団欒の場として食卓を囲

んできたという文化が虚像であることがわかろう。家族がバラバラに個々に食事を摂ることが通常であったのである。考えてみれば当然のことである。武家でも商家でも農家でも、家族構成員は各々役割分担が決まっていたのである。家族全員が一

挿図③

挿図④

緒に食事を摂れば、仕事や家計が成り立たなくなるのである。

二、ぼっち席

江戸時代において、独りで食事をすることは至極当然のことであった。家族みんなで話をしながら和気あいあいと食事をするというのは、日本の昔からの習慣として存在しなかったのである。

夏目漱石の小説『こころ』（大正三年〔一九一四〕）には、食卓を皆で囲むことにまだ不馴れな様子が描かれている。お膳からちゃぶ台への移行は明治三〇年代から大正頃にかけてようやくなされたのであった。

独りで食事をするのは侘しい、食べているのを他人に見られるのが嫌である、または怖い、現代日本ではこのような感覚を持つ学生が増えているようである。一緒に食べる友達がいないと思われることに恐怖感を抱くようで、便所めしといって、トイレで食事をする学生も少なくない。このような現状への対策として、ここ数年、学生食堂に「ぼっち席」を設置する大学が増えてきている。学食のテーブルの前や脇に仕切りを設けて、他人の目を気にせずに食事ができる席である。一人で食べるのであるから長居をすることはないので回転率が良い席である。それゆえ「スピード席」と命名している大学もあるようである。周囲に間仕切りがあるのだから、まさに独りの空間が用意されているわけで個食である。現代版のお膳といえるであろう。

「ぼっち」は「独りぼっち」の「ぼっち」である。江戸時代も個食で、いわば「ぼっち席」である自分のお膳で一人で食事をしていた。それはごくごく自然なことであった。現代の「ぼっち席」とお膳での食事とは異なるとの意見もあるかと思うが、「ぼっち席」は便所めしとは違う。学生食堂というれっきとした食事のための空間で、栄養士や調理師によって考えられた食事が提供されている。家庭の食事よりもはるかに栄養バランス等が計算された食事がプロによって給仕され、その食事を自分専用の空間で食べることができるのである。大学の「ぼっち席」はまさに個食文化、お膳文化の発展形態といえるであろう。

三、個食は寂しい？

現代の大学生の中に個食を求めている人がいることは自然なことなのであろう。そもそも日本人が家族や友人などと集団で食事をするという文化を持っていたかどうか怪しいからである。

食べているところを見られるのが恥ずかしい、独りで食べていると友人がいないと思われるから嫌であるというのは、他人の目を気にし過ぎているように思える。他人と一緒であったり、集団に属していれば安心感が得られるということは理解できる。しかし、そもそも日本人が集団で食事をしていたわけではないことを知れば、個食をすることが恥でも何でもないことがわかるのではないだろうか。

一人が悪い、一人は寂しいと感じる現代日本人は大学生などの若者に限ったことではない。独居老人などと言われるように、年配者にも独り身であることに不安を感じる人が多いようである。年齢、体力、更に経済的な面を考えれば、年配者の独り身は若者より不安であろう。その不安感を理解した上で、個食にみられるように、かつての日本人がいつも集団的な生活を送っていたわけではないことを強調しておきたいのである。

「個」または「孤」であることは全く悪いことでも寂しいことでもない。家族、学校、会社などの職場などにおいて、独りで食事をする時間と空間を持つことは、各々の日本人が集団の中で独立した存在であること、つまり社会的に自立した個人であることを主張することにつながるのである。

第一四章　「りんだ」を喰う——江戸のグルメ(一)

現代でも芸能界を中心に業界用語と呼ばれる専門用語がある。一般社会で使われている言葉とは異なり、ある特定の業界や集団においてのみ通用する特殊用語である。一般的に通用している言葉に別な読みを施したり、全く異なった意味を持たせたりするものから、ある特定の集団の中で作り出されたものまで多種多様である。例えば、現代の芸能界では、単語を逆さまにして読むことで、内輪の人間のみがわかる言葉を造語として使用している。それらの業界用語を総称して隠語《いんご》（スラング。slang）と呼んでいる。

本章では、江戸の芸能界の業界用語からスタートしたいと思う。

一、江戸の芸能界の隠語——食べ物を中心に

江戸時代中期の大阪の浮世草子作者である半井《なからい》金陵《きんりょう》（生没年未詳）の『当世芝居《とうせいしばい》気質《かたぎ》』（安永六年〔一七七七〕）は芝居の世界を題材としている。芸能界、特に第四章で詳しく述べた人形浄瑠璃芝居の世界の隠語がたくさん記されていて興味深い。『当世芝居気質』では、「隠語」の右脇に「せんぼ」と振り仮名を付け、更に左脇に「かくしことば」と記している。「隠語」は「せんぼう」とも言った。

他の人形浄瑠璃芝居の隠語を記してみよう。「太郎四郎」は、たろしろ、たろし、たろしろう、たろうしろうなどと読む。『当世芝居気質』では「しろと」と左脇に記されている。素人である。阿呆や愚か者の意味でも使用した。「久七《きゅうしち》」は下男奉公をする者の通称である。久五郎《きゅうごろう》、久三《きゅうざ》、久助《きゅうすけ》なども同様である。

本章は江戸のグルメの話なので、食事に関する隠語に注目してみる。まず「飯」には右脇に「さいこ」、左脇に「めし」と記している。ご飯のことを「さいこ」または「さいこく」「さいこほう」などと言った。式亭三馬の滑稽本『田舎芝居忠臣蔵』初編巻之下（文化一〇年〔一八一三〕）に「イヤ〳〵我《ぜめ》ハ六腹《ろつぷく》が空《そり》ひい。飯喰ふ《さいこもちら》と手をたゝいて茶飯《さはん》をよび付《つけ》」とある。これも芝居の世界の隠語の話である。「六腹」と「空ひい」の左脇には、各々「はら」と「ひだるい」（ひもじい。空腹である）と記されている。「お腹が空いて仕方がないのでご飯を食べよう」というのである。

更に、「肴」という字の右脇には「たつほ」と振り仮名が記されている。「たっぽ」ないしは「たっぽう」と言って、酒の肴《さかな》や魚そのものもさした。「菜」の右脇には「あて」と記されている。酒のサカナ、アテである。酒は清三《せいさん》、酒を飲むことを「飲《いれ》る」と言った。

「ごろた」が何かおわかりになるであろうか。「香物《こうのもの》」、すなわちお漬物である。「塩」には「ちうぜう」の振り仮名がある。「ちゅうじょう」「ちゅうしょう」である。「磁器」は「としき」と読んで、ちゃわんのことをさす。現在の人形浄瑠璃文楽の隠語では、「としき」は石のことをあらわす。

二、「りんだ」もぢるって？

『当世芝居気質』巻一の一には次の記述がある。

朝のとろけは止《やめ》てほしいといふは粥はいやじやといふ事（中略）りんだもぢら
んかと云ふを何ぢやと見れば蕎麦食ふこと

「とろけ」は「粥」のことをさすと書かれている。この「粥」は我々現代人が食す「汁粥」と同じである。「汁粥」ではなくて「堅《かた》粥《かゆ》」、すなわちご飯、白米が食べたいと言っているのである。

次の絵をご覧いただきたい。『菊寿盃《きくじゆのさかずき》』（天明元年（一七八一））の挿絵である（挿図①）。右の男が着物の袖をまくってお櫃からご飯をよそっている。江戸時代になると、現代に通ずる白米を炊いたご飯が日常の食卓にあがるようになっていく。右の『当世芝居気質』の記述にあるように、今のお粥にあたる汁粥は嫌われたので

挿図①

ある。お粥が好きな人もいるであろうが、現代と同じで、通常は体調不良の時などに消化を考えて食べるものとなったのである。

粥に続いて、「りんだもぢらんか」云々と記されている。人形浄瑠璃の世界では、お蕎麦を食べることを「りんだもぢる」と言った。蕎麦は江戸時代の演劇界では「りんだ」と呼ばれていた。「もぢる」は「喰る」、すなわち「喰らう」ことである。

現代人は「りんだ」と聞いて何を思い浮かべるであろうか。私には「山本リンダ」あたりしか思い浮かびません（笑）。山本リンダ様ご本人から「狙いうち」されそうである。

三、蕎麦の値段

蕎麦は日本食の代表である。『続日本紀《しょくにほんぎ》』の養老六年（七二二）七月一九日の条に「蕎麦」の文字を見出すことができる。「そば」は「そばむぎ」の略称であり、植物としてはタデ科の一年草である。蕎麦は荒地でも育つと言われるように、どんな土地でも栽培することができるため、日本人にとって昔から大事な食糧源であった。

蕎麦はもともと、蕎麦がき、すなわち蕎麦粉を熱湯でこねて餅状にして食した。これと区別して、現在のように細長い麺の形状で食べるようになったものを「蕎麦切り」と呼んだ。次の絵を見ていただきたい。黄表紙『寿常盤仙米《ことぶきときわせんべい》』（芝全交作。寛政五年〔一七九三〕）の挿絵である（挿図②）。挿絵の絵師は歌川豊国である。店先には「二八そば」の文字が見える。現代ではまだ「二」と「八」は粉の割合であると考えられているようでもある。うどん粉が二割で、そば粉が八割、それが「二八」の名称の由来であるとされているのである。

挿図②

更にもう一枚の絵をご覧いただきたい。合巻『福来 笑 門松《ふくきたるわらいのかどまつ》』（素速斎作。百斎〔樹下石上〕画。文化五年〔一八〇八〕）の挿絵である（挿図③）。蕎麦売りの行灯には、「二八」の下に「そば」と「うど

挿図③

挿図④

ん」が並べて書かれている。うどんも蕎麦と同じく「二八」なのである。これは粉の割合などではない。二かける八で一六文、蕎麦一杯の値段なのである。うどん一杯も蕎麦と同じ一六文だったのである。

またまた絵を示そう。黄表紙『走書浅草《はしりがきあさくさの》

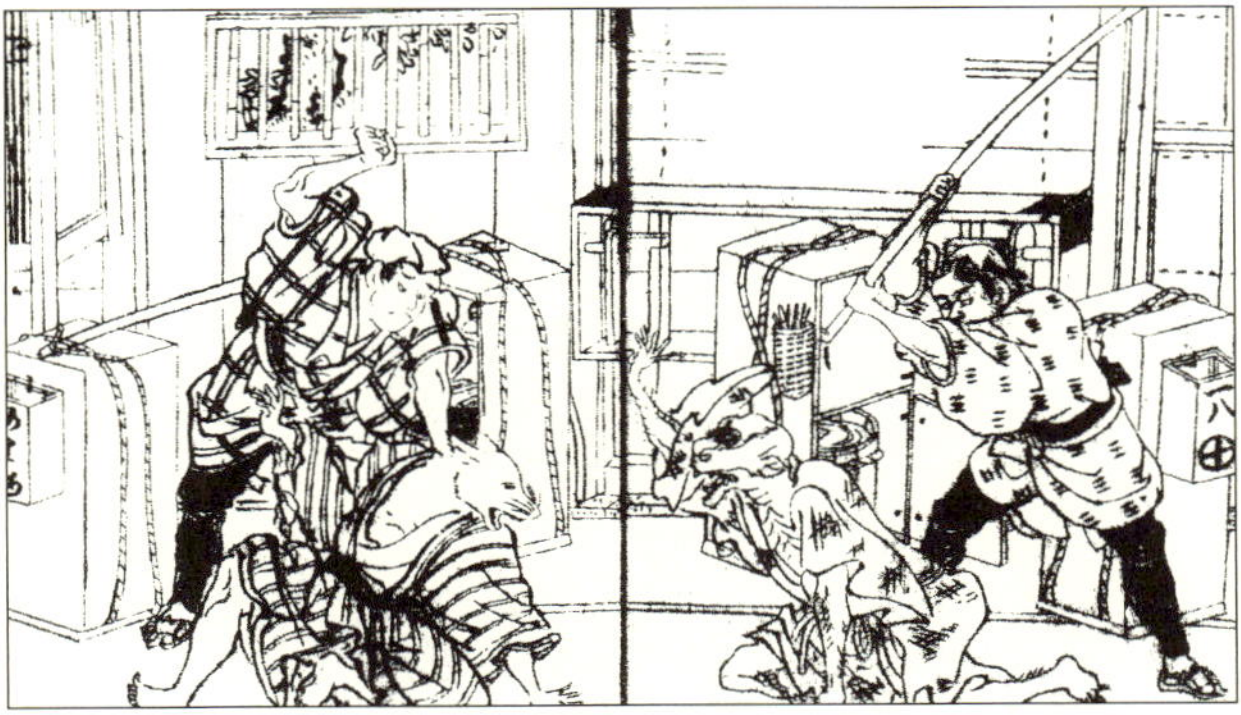

挿図⑤

画馬《えま》』（安永六年〔一七七七〕）。角書「今様縁起」）の挿絵である（挿図④）。絵師は鳥居清経である。荷物を担いで街なかを歩いて蕎麦を売っている姿である。いわゆる振り売りである。画面の左中央に「一／八／そは切」「四国屋」と書かれている。四国屋は屋号で、「一八蕎麦切」である。「二八」ではない。もう一枚見てみよう。黄表紙『化物箱根先《ばけものはこねのさき》』（安永七年〔一七七八〕）の鳥居清長の挿絵である（挿図⑤）。絵の右側中央の荷物に「一八」の文字が読める。これで明らかなように一杯八文のお蕎麦もあったのである。

一杯一二文の蕎麦もあった。また絵をご覧いただきたい。『絵本江戸土産』上巻「両国

挿図⑥

橋の納涼」の光景である（挿図⑥）。右上に「二六新そは」の看板があるのがおわかりになるであろう。そばの前の数字は値段をあらわしているのである。他に「うんとん」（うどん）、「やき肴」（焼魚）、「にうめん」（にゅう麵）、更に、この後の第一五章で扱う「すし」も売られている。にゅう麵は「煮麵《にめん》」が変化した語で、「煮麵」または「入麵」と書く。素麵を醤油や味噌汁で煮たもので一六世紀には食されていた。

四、蕎麦は現代の屋台ラーメン

また絵を見てみよう。黄表紙『大通人《だいつうじん》穴扒《あなさがし》』（市場通笑作。安永八年（一七七九））の挿絵である（挿図⑦）。あんまさんが屋台のお蕎麦屋さんと会話をしている。

あんま　そばやさん。なんどき（何時）だへ

蕎麦屋　ほん所（本所）のあねさんがかへりなさるからよ――つどきさ

挿図⑦

四つ時、つまり夜の一〇時である。夜《よ》蕎麦売りである。夜鷹蕎麦ともいい、夕方から深夜まで街頭で蕎麦を売り歩いた

挿図⑧

のである。まさに屋台ラーメンのお蕎麦版である。「あねさん」は夜鷹、すなわち江戸で最も下のランクの売春婦である。本所の吉田町や両国あたりで売色を行った。

もう一枚の絵をご覧いただきたい。黄表紙『下《げ》界《かい》驪《たわけ》鼻《はな》落《おち》天狗《てんぐ》』（雀声作。群馬亭〔勝川春朗〕画。享和元年〔一八〇一〕）の挿絵である（挿図⑧）。左から二番目の男性のお客が「からミをもつと入てくだされ」と言っている。ワサビなどの薬味の増量をお蕎麦屋さんに所望している。

JR渋谷駅の立ち食い蕎麦屋は私がよく利用するお店の一つである。お勘定を前払いするシステムのレジで、「薬味多め」と注文しているお客さんをよく見かける。まさに挿図⑧と同じ光景である。二〇〇年以上前のお蕎麦屋さんの風景が現代の街なかでも生きている。立ち食いとはいえ、現代ではお客の方がお店に足を運ばなければならない。火の使用から人家《じんか》の少ない場所での営業という制約があったものの、江戸時代の振り売り形態の方が便利であろう。通りがかりの人向けの屋台とはいえ、温かいお蕎麦をその場で食べさせてくれるからである。現代では、コンビニエンスストアが発達し、蕎麦も売っているが、自宅に持ち帰って、電子レンジで温めるなど、多少の手間をかけなくてはならない。

将棋の藤井聡太君の出現で、東京・千駄ヶ谷の将棋会館近くの蕎麦店が大繁昌していた。二〇一九年三月末日で閉店してしまったのは大変残念なことである。棋士からの出前注文も多かったようだが、現代の出前はお店で調理した蕎麦を届けるだけである。将棋会館まで調理人が出張して作ってくれるわけではない。江戸時代の振り売りの方が出来立てを食することができた。その意味では、現代より進んでいたといえようか。

第一五章　鮨にまつわる江戸の隠語——江戸のグルメ(二)

さあ、お蕎麦に続いて、江戸のグルメの第二弾とくればお鮨《すし》を取り上げないわけにはいかないであろう。お鮨と聞くと、かつては高級料理のイメージが強かったようであるが、最近は「回るお鮨屋さん」が一般化し、チェーン展開しているので、庶民の食べ物になっているようである。回転鮨屋はお鮨だけではなく、お蕎麦やうどん、はたまたスウィーツまで揃っていて、まるで食堂である。稲荷鮨もあって、生魚が苦手という人のニーズにも応えている。

江戸時代のお鮨事情はどうであったか、本章ではそのあたりをのぞいてみることにしよう。

一、お鮨の種類と特徴

「鮨」という言葉は、形容詞の「酸《す》し」が語源とされる。すっぱいもの、酸味があるものをさす。料理としての「鮨」は大きく二種類に分けて考えられている。一つは魚介類や野菜などを塩、ご飯、お酒などに漬けて自然発酵させたものである。なれ鮨と呼ばれるものである。これに対して、もう一つは、酢飯に魚介類などを配合したものである。散し鮨、蒸し鮨、巻き鮨、稲荷鮨などがこれにあたる。我々現代人が普段お鮨屋さんに行って食べるにぎり鮨は後者に属する。

「鮨」といえば、もともとなれ鮨をさしたが、江戸時代に入り、早鮨《はやずし》ないしは一夜鮨が生まれる。酢飯の上に魚介類を乗せて漬ける調理法である。この具材とご飯を重ねて漬ける手法の方が、具材をご飯の中に埋める、従来のなれ鮨の方法よりも発酵の度合いが早かったのでお鮨の主流となっていったのである。

この早鮨の形態、すなわち、ご飯の上に具材を乗せる形が発展していき、発酵の度合いが少ない押し鮨や箱鮨が生まれ、更ににぎり鮨が登場してくるのである。

従って、第一四章第三節の挿図⑥に描かれた「すし」は「にぎり鮨」ではない。宝暦年間（一七五一～六四）にはまだ「にぎり鮨」は誕生していないのである。第

挿図①

一四章第三節挿図⑥の「すし」の脇に「はこつけ」と記されている。「箱鮨」である。すし飯を箱に詰めて、その上に魚介類を並べて押し蓋で押して作るのである。一八世紀中ごろはまだ箱押しのお鮨、押し鮨であった。

二、にぎり鮨の誕生——江戸の花形グルメ

それでは、現在、お鮨の主流をなしている「にぎり鮨」はいつごろ生まれたのであろうか。川柳に「妖術といふ身でにぎる鮨のめし」（『誹風柳多留』一〇八編、文政一二年〔一八二九〕）とあるように、それはまさに江戸時代の名称のもとにな

った「江戸」（東京）の都市文化が成熟した姿を見せる文政期（一八一八～三〇）頃である。

まず一枚の絵をご覧いただきたい。『絵本江戸爵《えほんえどすずめ》』（天明六年（一七八六））の喜多川歌麿による挿絵である（挿図①）。屋台鮨である。屋台の正面に「御すし」と記されている。現在、「や台ずし」というチェーンのお鮨屋さんが全国展開しているが、こちらは「屋台」を名乗っているものの、店舗形態をとっており、本来の屋台ではない。挿図①はまさに屋台で鮨が売られていたことを示している。お蕎麦と同じでお鮨は江戸のファストフードだったのである。

挿図②

また次の絵を見てみよう。黄表紙『弁《べん》慶《けい》御前《おんまえ》二人《ふたり》』（寛政七年（一七九五））の歌川豊国による挿絵である（挿図②）。この絵は店舗のお鮨屋さんを描いている。「名物／つるべずし」の看板がかかっている。隣には「御膳／くずのはせんべい」の看板が見える。お煎餅屋さんである。

挿図③

更にもう一枚の絵をご覧いただきたい。狂歌絵本『略《りゃく》画《が》職人尽《しょくにんづくし》』（葛飾文々舎編。文政九年〔一八二六〕）の挿絵である（挿図③）。絵師は岳亭定岡である。お鮨（折詰のなれ鮨）を振り売りしている姿である。第一四章で取り上げたお蕎麦と同じように、職人さんが街なかを歩き回ってお鮨を売ったのである。一九世紀に入ると、お鮨は更に江戸の人々にとって身近な食べ物となり、お蕎麦に劣らない江戸の花形グルメになっていくのである。

三、お鮨屋さんの言葉

第一四章でお蕎麦の業界用語について触れたので、お鮨についても述べておきたい。現代のにぎり鮨が早鮨から生まれたことは先に述べた。ネタとシャリが重なった形のお鮨である。シャリはご飯のことであるが、もともとお米の粒のことをさす。米粒が仏舎利、すなわち釈尊の骨に似ていることが所以であるとされている。

「あがり」もよく耳にする言葉である。お茶のことをさす。一丁上がりから来ていると思われるかもしれないが、実は「上がり花」を略した言葉である。もとは遊里語である。暇な人が葉茶を臼でひいて粉にしたことから、遊郭でお客がいなくて暇なことを「お茶をひく」と言った。それゆえお茶は水商売や飲食業界では禁句なのである。「上がり花」とは、遊郭の階段を上がってきたところで出すお茶のことなのである。遊女の部屋に多くのお客様が登楼してほしい、上がってきてほしいという意味が込められているのである。

ネタの種類について記しておこう。「片思い」はおわかりになるであろうか。例えば、近松門左衛門作の人形浄瑠璃『国性爺合戦』二段目に「我はあわびの片思い」とあるように「あわび」のことをさす。「あわび」の形状が一見二枚貝の片側の殻だけで片方が「重い」ようにに見えるところからの連想である。「海苔」のことである。「ギョク」（玉）が玉子は大丈夫だろうが、「草《くさ》」はいかがだろうか。「たま」は赤貝のこと。「舌」は貝類の足のこと、形状が似ているからである。わさびは単に略して「さび」、または「なみだ」とも言う。辛味で涙することがあるからである。お鮨になくてはならないのは「むらさき」である。もちろんお醤油のこと、色からの連想である。

「おあいそ」もお鮨屋さんに限らず飲食店でよく聴く言葉である。「お愛想」である。お勘定のことをさす。由来は、愛想を尽かす、「愛想づかし」から来ているとされる。愛想は他人に対する親しい気持ちであるから、その気持ちがなくなることを意味している。お勘定は大抵最後に支払うものである。楽しく過ごしたお鮨屋さんでの会食も、請求書を見ると覚めてしまう。「おあいそ」も本来は遊里で使用された言葉である。

四、お鮨屋さんの数字

「おあいそ」の時に気になるのは当然値段である。お鮨屋さんが使う数字の符丁がある。

一が「ピン」は問題ないであろう。ピン芸人などはよく耳にする言葉である。「ピン」の語源はポルトガル語の pinta で「点」の意味である。江戸時代、カルタなどのゲームで一の数を表した。

二が「リャン」も大丈夫であろう。麻雀をおやりになる方には点数でおなじみであろう。「両」の唐音である。麻雀は大正末期に中国から渡来した。江戸時代には中国から「拳《けん》」が伝わり流行した。二人以上が相対して、手を開いたり閉じたり、指を曲げるなどして勝負を競うゲームである。「リャン」は拳で特に使用された。

三は「ゲタ」という。「下駄」の裏には穴が三つ開いているからである。

四は「ダリ」、五は「ガレン」または「メノジ」、六は「ロンジ」である。近松門左衛門の人形浄瑠璃『日本西王母《にっぽんせいおうぼ》』（元禄末年〔一七〇三〕頃上演カ）三段目に「駕籠舁き言葉。成り下りたり。だりはんどう何時か逃がれんきりがれん」とあるように、江戸時代の駕籠舁きや馬方が使用した隠語である。現代では、魚市場や青果市場などでも使われている。

曲亭馬琴らが編集した随筆集『兎園小説』（文政八年〔一八二五〕成立）には「隠語《かくしことば》」として「大路を魚或は野菜など荷ひ鬻《ひさ》ぐるもの、云ふもの、一をソク（ヨロヅともいへり）、二をブリ、三をキリ、四をダリ、五をガレン（又めともいへり）、六をロンジ、七をサイナン、八をバンドウ、九をガケといひ」と記されている。もともとは魚や野菜の行商人が使用した符丁であった。

また、式亭三馬の滑稽本『浮世風呂』四編巻之中（文化一〇年〔一八一三〕）に「一昨日《おつてへ》ハ鰹《かつう》が頭《かしら》で『だりがれん』落《おち》イ行《いつ》て『やっこ』位なやつが、けふハ頭《かしら》で『ばんどう』から上《つら》だ。落で『めのじ』位よ」とある。「だりがれん」「やっこ」「ばんどう」「めのじ」の左脇に、各々「四百五十文」「二百五十文」「八百文」「五百文」と記されている。八は「バンド」ないしは「バンドウ」である。第一四章で取り上げた浮世草子『当世芝居気質』と同様、漢籍にならった表記法である。隠語の注が付されていて面白い。なお、「頭《かしら》」は最大の物、値段が高い物、上等な物のことである。「つら」は魚屋の隠語で「それ以上」の意味である。「落《おち》」は品質の劣った物をさす。

最後に九である。『兎園小説』では「ガケ」と記すが、「キワ」ともいう。江戸時代中期の百科事典『類聚名物考』巻二五八・調度部一五・貨財（金銀銭）に、「銭を数ふる異称」として「九銭、きは（際）（中略）きはとハ十の際なり」と記載されている。人形浄瑠璃などの芸能界や、揚弓（射的の遊戯）の賭け事においても使用された九の符丁である。

以上、一から九までの数字について触れた。もちろんこれにゼロがついて請求される。美味しいお鮨に舌鼓を打っているうちは楽しいが、終盤に差し掛かって来ると懐具合が気になるのはどなたも同じであろう。「〇〇さん、お帰り！　お愛想！」の掛け声で現実に戻るのである。

本書もこのあたりでお開きといたしやしょう！

切口上——あとがきにかえて

まずは今日《こんにち》はこれぎり！

全一五章を通して、深谷節にお付き合い下さった読者の皆様に心から感謝を申し上げます！

私は絵巻や絵本を中心に、江戸時代の芸能や文学作品を研究し、大学や社会人講座の教壇に立つ生活を送っている。いつも痛感させられるのは、江戸時代について、誤解や偏見に基づく固定観念にとらわれている受講者が少なくないことである。例えば、「男尊女卑で遊女が虐げられていた『悪い時代』」といったコメントが、毎年必ず出てくるのである。

そのような旧態依然とした江戸文化観を打ち破り、江戸文化の面白さを知ってほしいと願って筆をとった次第である。

江戸文化を語りつつ、現代日本社会のポップなテーマを取り上げている点は本書の大きな特徴であろう。その意味で、江戸時代の文化や歴史に関心がある方だけではなく、江戸時代なんてチョンマゲを結っている古い時代としか思っていない、高校生や大学生、社会人の方々、更には、中学校や高等学校の教育現場におられる先生方などにもぜひ読んでいただければ幸いである。

本書は、棚橋正博先生との邂逅がなければ生まれなかった。先生には『絵でよむ江戸のくらし風俗大事典』掲載の図版の使用をご快諾いただき、校正のゲラにも目を通していただき、貴重なご教示とご意見を賜った。先生から、一般書の執筆は楽しいから頑張るようにとエールを送っていただいたお蔭で、とても楽しく充実した時間を過ごすことができた。先生のお心遣いに衷心から御礼を申し上げます。

資料の閲覧についてご高配を賜った各所蔵機関、図版・写真掲載についてご許可をいただいた、ご所蔵者や出版社に心から感謝を申し上げます。

また、担当編集者との出会いがなければ本書は世に出ることはなかった。自由に執筆をさせていただき、楽しい時間を与えてくださった、平凡社と担当の菅原 悠氏に心から感謝の意を表します。

深谷 大

令和元年七月上浣

尾張名古屋の今様旅籠にて

図版出典一覧

第二章
挿図⑨　滑稽本『街迺噂』（『浪速叢書第一四』浪速叢書刊行会、一九二七年）より転載。

第四章
挿図②　『十二段さうし』（『浄瑠璃物語』）初段第一図（『新編稀書複製会叢書』第一三巻、臨川書店、一九九〇年）より転載。

第五章
挿図①　『子孫繁昌手引草』（『江戸時代女性文庫五七』大空社、一九九六年）より転載。

第六章
挿図④　黄表紙『文武二道万石通』（『江戸の戯作絵本　第三巻　変革期黄表紙集』社会思想社〈現代教養文庫一〇三九〉、一九八二年）より転載。

第七章
挿図①　滑稽本『東海道中膝栗毛』四編下。架蔵本。
挿図②　歌謡集『ゑびやの甚九ふし』。架蔵本。

コラム

挿図①『浮世風呂』前編巻之上（『新日本古典文学大系八六　浮世風呂・戯場粋言幕の外・大千世界楽屋探』岩波書店、一九八九年）より転載。

挿図②『清俗紀聞1』（平凡社〔東洋文庫六二〕、一九六六年）より転載。

第九章

写真「名古屋甚句」（提供：正調名古屋甚句保存会）

写真「綾渡の盆踊」（提供：豊田市史資料調査会・粕谷亜矢子氏）

第一〇章

写真「白鳥の拝殿踊り」（白鳥観光協会発行パンフレットより転載）

第一二章

挿図③『青楼年中行事』（『日本風俗図絵』第一二輯、日本風俗図絵刊行会、一九一五年）より転載。

第一四章

挿図⑥『絵本江戸土産』（『新編稀書複製会叢書』第三六巻、臨川書店、一九九一年）より転載。

右以外の挿図はすべて『絵でよむ　江戸のくらし風俗大事典』（柏書房、二〇〇四年）掲載図版から転載した。

主要参考文献

全章

棚橋正博・村田裕司編著『絵でよむ　江戸のくらし風俗大事典』柏書房、二〇〇四年。

『日本古典文学大辞典』岩波書店、一九八三～八五年。

『日本国語大辞典〔第二版〕』小学館、二〇〇〇～〇二年。

中村幸彦・岡見正雄・阪倉篤義編『角川古語大辞典』角川書店、一九八二～九九年。

鎌田正・米山寅太郎『大漢語林』大修館書店、一九九二年。

山口明穂・竹田晃『岩波漢語辞典』岩波書店、一九八七年。

岡本勝・雲英末雄編『新版　近世文学研究事典』おうふう、二〇〇六年。

岡田甫校訂『誹風柳多留全集』三省堂、一九七六～八四年。

第二章

内山美樹子・延広真治校注『新日本古典文学大系九四　近松半二・江戸作者浄瑠璃集』岩波書店、一九九六年。

近世史料研究会編『江戸町触集成　第六巻』塙書房、一九九六年。

深町晋也「路上喫煙条例・ポイ捨て禁止条例と刑罰論」『立教法学』七九号、二〇一〇年。

塩野宏『行政法Ⅰ　行政法総論〔第五版補訂版〕』有斐閣、二〇一三年。

松宮孝明『刑事立法と犯罪体系』成文堂、二〇〇三年。

橋本裕藏『軽犯罪法の解説〔四訂版〕』一橋出版、一九九九年。

伊藤榮樹・小野慶二・荘子邦雄編『注釈特別刑法　第二巻　準刑法編』立花書房、一九八二年。

平野龍一・佐々木史朗・藤永幸治編『注解特別刑法　第七巻　風俗・軽犯罪編』青林書院、一九八八年。

第四章

松本隆信校注『新潮日本古典集成　御伽草子集』新潮社、一九八〇年。
深谷　大『岩佐又兵衛風絵巻群と古浄瑠璃』ぺりかん社、二〇一一年。

第五章

江森一郎『体罰の社会史』新曜社、二〇一三年。

山住正己・中江和恵『子育ての書3』平凡社（東洋文庫二九七）、一九七六年。

小泉吉永編著『近世育児書集成　第一〇巻』クレス出版、二〇〇六年。

豊島よし江「江戸時代後期の堕胎・間引きについての実状と子ども観（生命観）」『了徳寺大学研究紀要』一〇号、二〇一六年。

沢山美果子「乳からみた近世日本の捨て子の養育」（『保護と遺棄の子ども史』昭和堂、二〇一四年。

同『江戸の捨て子たち』吉川弘文館、二〇〇八年。

同『性と生殖の近世』勁草書房、二〇〇五年。

宗政五十緒校注『近世畸人伝・続近世畸人伝』平凡社（東洋文庫二〇二）、一九七二年。

高塩博『江戸幕府法の基礎的研究　史料編・論考編』汲古書院、二〇一七年。

奥野彦六『定本御定書の研究』酒井書店、一九六八年。

第六章

山本ゆかり「月岡雪鼎・磯田湖龍斎等への僧位叙任について『御室御記』に関する報告」『浮世絵芸術』一三二号、国際浮世絵学会、一九九九年。

前田金五郎『好色一代女全注釈』勉誠社、一九九六年。

山崎麓校訂『人情本傑作集』博文館（帝国文庫一九）、一九二八年。

第七章

長田暁二『歌謡曲おもしろこぼれ話』社会思想社、二〇〇二年。

藤田徳太郎『近代歌謡の研究』人文書院、一九五四年。

浅野建二『日本歌謡の発生と展開』明治書院、一九七二年。

千葉治校訂『初代川柳選句集　上』岩波書店（岩波文庫）、一九九五年。

中野三敏・神保五彌・前田愛校注『新編日本古典文学全集八〇　洒落本・滑稽本・人情本』小学館、二〇〇〇年。

郡司正勝校注『新潮日本古典集成　東海道四谷怪談』新潮社、一九八一年。

神保五彌校注『新日本古典文学大系八六　浮世風呂・戯場粋言幕の外・大千世界楽屋探』岩波書店、一九八九年。

孫伯醇・村松一弥編『清俗紀聞1』平凡社（東洋文庫六二）、一九六六年。

第八章

中村幸彦校注『新編日本古典文学全集八一　東海道中膝栗毛』小学館、一九九五年。

『出雲崎町史　資料編Ⅱ　近世（二）』出雲崎町、一九九〇年。

鈴木俊幸「寛政期の鬼武」『近世文芸』四四号、日本近世文学会、一九八六年。

同「素吟戯歌集―感和亭鬼武初期活動資料―」『読本研究』三輯下套、渓水社、一九八九年。

髙木元「感和亭鬼武編述書目年表稿」『江戸読本の研究――十九世紀小説様式攷』ぺりかん社、一九九五年。

『日本随筆大成　第三期三』吉川弘文館、一九七六年。

棚橋正博『笑いの戯作者　十返舎一九』新典社、一九九九年。

同『叢書江戸文庫四三　十返舎一九集』国書刊行会、一九九七年。

同『黄表紙総覧』青裳堂書店、一九八六～二〇〇四年。

同『黄表紙の研究』若草書房、一九九七年。

同『山東京伝の黄表紙を読む――江戸の経済と社会風俗』ぺりかん社、二〇一二年。

同『ＮＨＫカルチャーラジオ　文学の世界　弥次さん喜多さんの膝栗毛～十返舎一九生誕２５０年』ＮＨＫ出版、二〇一五年。

第九章

『綾渡の夜念仏と盆踊』足助町教育委員会、一九九九年

第一一章

『新聞集成　明治編年史』財政経済学会、一九三四～三六年。

兼坂隆一『日本雑貨地図――伝統的手工業製品を中心に』武蔵野クリエイト、一九八九年。

第一三章

『定本　漱石全集　第九巻』岩波書店、二〇一七年。

第一五章

『近松全集　第三巻』岩波書店、一九八六年。
『日本随筆大成　第二期一』吉川弘文館、一九七三年。
『類聚名物考』歴史図書、一九七四年。

【著者】
深谷 大（ふかや だい）
東京都に生まれる。早稲田大学大学院博士後期課程修了。博士（文学）。専攻は江戸時代を中心とした日本文学・文化。現在、早稲田大学演劇博物館招聘研究員、中京大学文化科学研究所特任研究員。中京大学、愛知淑徳大学、横浜国立大学などで講師をつとめる。著書に『岩佐又兵衛風絵巻群と古浄瑠璃』（ぺりかん社）、共著に『岩佐又兵衛全集』（藝華書院）、『江戸人物読本　近松門左衛門』（ぺりかん社）などがある。

平　凡　社　新　書　９　１　９

さし絵で楽しむ江戸のくらし

発行日――2019年8月9日　初版第1刷

著者――深谷 大
発行者――下中美都
発行所――株式会社平凡社
東京都千代田区神田神保町3-29　〒101-0051
電話　東京（03）3230-6580［編集］
東京（03）3230-6573［営業］
振替　00180-0-29639

印刷・製本―図書印刷株式会社
装幀――菊地信義

ISBN978-4-582-85919-5
NDC 分類番号382.1　新書判（17.2cm）　総ページ200
平凡社ホームページ　https://www.heibonsha.co.jp/